Mário Ernesto René Schweriner

EternaMente
Ciência e Religião no limiar da Comunhão

MouraSA

Mário Ernesto René Schweriner

EternaMente:
Ciência e Religião no limiar da Comunhão

MouraSA
Curitiba – Brasil
2018

Copyright © da MouraSA Ltda.
Editor-chefe: Railson Moura
Diagramação e Capa: MouraSA
Imagem da Capa: Pixabay / Comfreak
Revisão: O Autor

DADOS INTERNACIONAIS DE CATALOGAÇÃO NA PUBLICAÇÃO (CIP)
CATALOGAÇÃO NA FONTE

S291

Schweriner, Mário Ernesto René.
    EternaMente: ciência e religião no limiar da comunhão / Mário Ernesto René Schweriner – Curitiba: CRV, 2018.
154 p.

    Bibliografia
    ISBN 978-85-444-2395-0
    DOI 10.24824/ 978854442395.0

1. Religião 2. Ciência 3. Ficção científica I. Título II. Série.

CDU 2   CDD 200

Índice para catálogo sistemático
1. Religião 200

ESTA OBRA TAMBÉM ENCONTRA-SE DISPONÍVEL EM FORMATO DIGITAL.
CONHEÇA E BAIXE NOSSO APLICATIVO!

DISPONÍVEL NO Google Play   Baixar na App Store

2018
Foi feito o depósito legal conf. Lei 10.994 de 14/12/2004
Proibida a reprodução parcial ou total desta obra sem autorização da Editora CRV
Todos os direitos desta edição reservados pela: MouraSA
MouraSA – um selo da Editora CRV
Tel.: (41) 3039-6418 - E-mail: sac@mourasa.com.br
Conheça os nossos lançamentos: **www.mourasa.com.br**

"A ciência sem a religião é manca;
a religião sem a ciência é cega"

Albert Einstein

A Capa

A capa exprime a confluência da ciência e da religião.

O DNA, uma das maiores descobertas da ciência, emana do pavio e entrelaça a chama da vela, um dos maiores símbolos religiosos.

A chama da vela da religião dando origem ao DNA da ciência.

É o que penso, o que sinto e o que desejo compartilhar com meus leitores.

Agradeço, primeiramente, a todos os autores de ficção científica que me motivaram e entusiasmaram na leitura e reflexão de suas obras.

Agradeço à professora Dra. Vanessa Clarizia Marchesin pela leitura crítica da obra e posteriores sugestões.

Agradeço à Débora Acquarone Bonfim, que revisou o livro de forma exaustiva com oportunos comentários e encontrou mais falhas do que eu suportei corrigir.

SUMÁRIO

INTRODUÇÃO 13

CONSTRUÇÃO DA OBRA 15

"A MOSCA DA FRUTA E O FRUTO DE DEUS" 17

PARTE 1

CAPÍTULO 1
MISTÉRIOS, SONHOS E FANTASIAS 21

CAPÍTULO 2
A PESQUISA: análise e interpretação 27

PARTE 2

CAPÍTULO 3
MISTÉRIOS, SONHOS E FANTASIAS 47

CAPÍTULO 4
VIDA PARA CEMPRE* 55

CAPÍTULO 5
CIÊNCIA E RELIGIÃO: conflito ou comunhão? 63

CAPÍTULO 6
ESPIRITUALIDADE E RELIGIÃO 81

CAPÍTULO 7
O SAGRADO 93

CAPÍTULO 8
A FONTE TRANSCENDENTE DE ENERGIA 103

CAPÍTULO 9
A PRECE E A FÉ 117

CAPÍTULO 10
OS CIENTISTAS BRINCANDO DE DEUS 123

CAPÍTULO 11
EPÍLOGO 139

REFERÊNCIAS BIBLIOGRÁFICAS 147

INTRODUÇÃO

O futuro já está presente? Ou o presente é o futuro?

Carros autônomos, robôs domésticos e outros que interagem emocionalmente, *smartphones*-braceletes, exoesqueletos que permitem a um paraplégico caminhar, órgãos humanos impressos em 3-D, implante de chips do conhecimento, e o novo mundo da Inteligência Artificial.

O que vem a seguir deverá impactar a humanidade para sempre: o transumano, verdadeira confluência da religião, ciência e ficção científica. O transumano prega a intervenção da ciência e tecnologia visando transcender a natureza humana para além de seus naturais limites mentais e físicos: aumento da longevidade tangente à imortalidade. Próximas escalas: clonar um ser humano, fazer o *upload* da mente para um organismo não necessariamente biológico e ressuscitar cadáveres crionizados. Ao transpor a derradeira fronteira entre vida e morte, o transumano desloca o indivíduo para dentro mesmo da ficção científica. A tangente se torna secante: a ficção científica se torna fruição científica.

A clonagem de mamíferos já é uma realidade: da ovelha Dolly em 1996 ao casal de macaquinhos recém clonados na China. Mas quando essa prática for estendida aos seres humanos, quais serão as consequências? A cópia exata de um ser humano teria alma? E o que será "do homem criado à imagem e semelhança de Deus"?

Criônica: centenas de cadáveres repousam em suspensão criônica congelados a 196 graus celsius negativos em laboratórios nos Estados Unidos e na Rússia. Será possível ressuscitá-los? Como irão conviver na nova sociedade? Sua "identidade" como ser humano sobreviveria à criônica?

O *upload* da mente: a *eternaMente*, que batiza a obra. Laboratórios de inteligência artificial espalhados pelo mundo objetivam digitalizar o cérebro para gerar o *upload* da mente. Seu conteúdo, transformado em dados, poderá ser transferido para outro corpo, não necessariamente biológico, a fim de que a mente original permaneça "viva" na nova criatura.

Ápice dos milagres da ciência e da tecnologia, o transumano interfere nos mistérios da criação e embaralha a noção do que é o real. Penetra tão profundamente no significado da existência, que adentra a esfera da espiritualidade e da religião. Daí o título da obra que celebra o alvorecer da ciência em comunhão com a religião. *EternaMente,* em dois sentidos: o do transplante de mente, e o da comunhão para sempre.

Que sonhos alimentam a fantasia das pessoas? Tornar-se invisível, apagar lembranças ruins da memória ou, quem sabe, postergar a velhice rumo à imortalidade? Quais os mais intrigantes mistérios da vida gostariam de desvendar? Como começou o universo? Existe vida inteligente fora da Terra? Os médiuns realmente recebem mensagens dos já falecidos? Deus existe?

Obtive a resposta de mais de uma centena de entrevistados, homens e mulheres, mais jovens e mais maduros, acerca de tais indagações, que compõem um dos mais fascinantes capítulos da obra.

A confluência entre ficção científica, ciência e religião me fascina. Como são raras, raríssimas as obras a respeito; decidi aventurar-me a escrevê-la: **"EternaMente: Ciência e Religião no limiar da Comunhão"**, que não por acaso reflete o momento atual aqui na Terra: a fusão do assombro com a ciência e tecnologia, paralelo ao medo de suas consequências para a espécie humana.

Sem receio de errar, atrevo-me a afirmar que esta obra é única em sua proposição de conjugar religião, ciência e ficção científica em uma linguagem fluida dirigida ao homem comum, que sai do papel ao entrevistar centenas de pessoas acerca dos grandes mistérios que intrigam a humanidade há milênios e sobre o fascinante futuro que se avizinha.

"EternaMente: Ciência e Religião no limiar da Comunhão", pretende despertar o leitor para alguns desses grandes mistérios da existência situados na tênue fronteira entre ciência e religião, bem com dele resgatar os próprios sonhos e fantasias. Sua leitura irá excitar a imaginação, provocar inquietude e reflexão, e aguçar a curiosidade do leitor para o futuro que se avizinha a velocidades crescentes.

Você nem imaginava, mas os limites da vida jamais lhe parecerão os mesmos.

CONSTRUÇÃO DA OBRA

O leitor é desafiado a interagir frequentemente com o autor, que lhe propõe instigantes reflexões em todos os capítulos, cujos enunciados vêm destacados por molduras.

Propus um *e-mail* especialmente criado para que leitores motivados possam encaminhar suas reflexões que, após processadas, irão compor uma nova obra (eternamente@uol.com.br).

Revisei o livro nos mais diversos cenários.

Nas viagens mais longas de ônibus ou de avião, nas tediosas horas de espera em consultórios médicos e nas mesas de bares e restaurantes; alguns de meus vizinhos de assento manifestavam notável curiosidade pelo que eu estava a rabiscar, desenhar, rasurar e reescrever: uma gostosa e produtiva interação da qual extraí comentários que tão oportunos decidi inserir na obra, destacados em itálico.

Com quatro vizinhos de jornada, estabeleci um vínculo mais marcante. Rebatizei seus nomes bem de acordo com a personalidade de cada um, a seguir apresentados.

Anacleta, a inquieta: estudante de Belas Artes, 20 anos, pele muito alva, magrela e baixinha, cabelos meio violeta, meio laranja. Vestia-se com uma calça pantalona estampada com o que denominava "alegre étnico", camiseta regata com uma espécie de colete e chinelos rasteiros. Amante da liberdade de expressão, extremamente curiosa e investigativa.

Ana Rosa, a religiosa: enfermeira, solteira, 29 anos, católica praticante que organiza os eventos da igreja do bairro. Trajava um vestido azul-claro bem-comportado com sandálias rasteiras sem chamar a atenção, pouca maquiagem e, para domar os cabelos rebeldes, mantinha um coque bailarina. Sua única joia: um lindo crucifixo de prata. Rosto de uma beleza singela, parecia mesmo se esforçar para parecer assexuada.

Monteiro, o engenheiro: 27 anos, recém-formado em Engenharia de produção, trabalhava em uma grande montadora. Vestia-se sempre de forma sóbria, com uma combinação modorrenta de tons cinza.

Adamastor, o contestador: casado, 28 anos, jovem executivo de multinacional, *workaholic*, bom salário recheado de benefícios, parecia incorporar os "mantras" que posicionam sua corporação acima das demais. Trajava terno Armani azul-marinho com camisa branca, gravata azul-claro e sapatos lustrados e modernos.

Os comentários assim transcritos de meus quatro mais ativos vizinhos de jornada são uma espécie de "alter ego" do leitor, isto é, dão forma a seus pensamentos e à sua voz interna.

E as questões propostas encadeiam uma série de pausas que facilitarão sobremaneira a leitura e reflexão do leitor.

"A MOSCA DA FRUTA E O FRUTO DE DEUS"

Drosófila é uma pequena mosca bastante estudada em laboratórios.
Sua vidinha é breve: em torno de seis semanas.
Pois bem. Um grupo de biólogos da UCLA (University of California Los Angeles), nos Estados Unidos, induziram nessa mosquinha um aumento na quantidade de um gene denominado AMPK, que parece ter relação direta com o envelhecimento. Como consequência, a vida da drosófila foi estendida para oito semanas, um incremento de 30%.

O resultado é fascinante, pois como esse gene está presente no genoma humano, especula-se que podemos intervir no mecanismo do envelhecimento: a postergação da expectativa de vida em um par de décadas para algo como cento e poucos anos.

Será tal transposição possível?

E, coleguinha da drosófila, apresentamos a seguir a anêmona-do- mar.

E por que coleguinha? Porque, a exemplo da mosca, também a anêmona pode oferecer pistas para postergar a velhice e abrir portas para a imortalidade. Já foram mapeadas mais de mil espécies dessa exótica criatura, que mais se assemelha a uma flor, e chegaram mesmo a ser confundidas com plantas. Seu tamanho é bastante variável e são encontradas grudadas em rochas e recifes de coral. E agora vem o melhor. A ciência nos presenteia com uma descoberta avassaladora, que vem sendo verificada: parece que as anêmonas simplesmente ... não falecem! Seriam, então, o exemplo perfeito da entropia negativa, isto é, da antípoda da autodestruição do organismo. Em outras palavras, a anêmona "se recusa a ser destruída"! Se partes da anêmona são amputadas, crescem novas em substituição! Os cientistas estão é doidinhos para encontrar nelas genes ou pistas que expliquem essa maravilha.

À espreita, o ser humano, criado à imagem e semelhança de Deus, agradecerá.

PARTE 1

CAPÍTULO 1

MISTÉRIOS, SONHOS E FANTASIAS

Do que é feito o Sol? A Lua?
O que são raios? Armas dos deuses?
O que são esses pontinhos brilhantes no céu que só aparecem à noite?
Quais os limites da Terra?
Para que serve o coração?
O que é essa massa acinzentada dentro do crânio?
Como os pássaros voam?

Hoje bem sabemos o que é o Sol e o que é a Lua; que a Terra não é plana, nem reside no centro do Sistema Solar. Porém, ao recuarmos no tempo, tais verdades inquestionáveis de hoje eram motivos de discussões e especulações. Grandes mistérios, sem dúvida! Aliás, nem é necessário voltar tanto assim no tempo. Darwin e sua teoria da evolução no livro *A origem das espécies* ainda não completaram dois séculos e só foram reconhecidas pela Igreja Católica no século XX.

Mas o fato é que, ainda hoje, os seres humanos se defrontam com mistérios que permanecem sendo mistérios desde a aurora da civilização, sendo provável que inúmeros deles tendam ao infinito para serem decifrados. É o que denomino mistérios eternos, ou "Misternos".

Ainda sabemos pouco; pouco mesmo. Às vezes, sinto-me como nos primeiros dias de aula no curso primário perante todas as coisas novas – e eram todas novas – que a professora, Dona Ângela, nos trazia a cada dia: da tabuada dos nove e "Eva viu a uva" até o "Sítio do Pica-Pau amarelo", de Monteiro Lobato.

Ainda bem que os avanços da ciência ao longo do tempo fazem encolher o espaço do desconhecido, até mesmo se tornar insignificante.

Mas... será mesmo? Ou a verdade é que o desconhecido, o mistério pode até mesmo... aumentar?!

Repito a indagação, para deixar bem claro: o desconhecido pode até aumentar com os (ou apesar dos) avanços da ciência?

Mas como é possível haver ainda mais desconhecido, mesmo com os grandes avanços da ciência?

"Daria tudo o que sei pela metade do que ignoro" (René Descartes, 1596–1650. Filósofo, físico e matemático francês).

Vou ilustrar com uma metáfora como os avanços da ciência podem até mesmo provocar o aumento do desconhecido.

Experimente fazer o seguinte exercício: pegue uma daquelas bexigas de festinha de aniversário de criança, ainda vazia. Essa bexiga, assim murchinha, irá simbolizar o conhecimento (ciência) que a gente tinha quando bem pequenino: quase nenhum.

Pois bem. Agora, comece a encher a bexiga... continue a inflá-la... mais um bocadinho.

O ar significa conhecimento. Quanto mais inflada, mais conhecimento ela terá absorvido. Bem simples, não é mesmo?

O balão ficou bem cheio. Então... o que temos aqui?

Ao mesmo tempo que o balão de gás representa o conhecimento, o meio ambiente em que nos encontramos simboliza o desconhecido; tudo o que ainda não sabemos.

É precisamente aí que desponta o surpreendente, o inesperado, que nos conduz à reflexão.

Há um "contraponto" nesse processo.

Você faz ideia de qual pode ser esse tal contraponto? O que essa metáfora tenciona ilustrar? O que o balão inflado tem a ver com a aquisição de conhecimento?

Perante tal indagação, a resposta de muita gente é que "se eu encher demais o balão do conhecimento ele vai acabar estourando". Mas isso não acontece. E sabe por quê? Porque cada pessoa já nasce com seu próprio balão embrionário de volume potencial diferente conforme sua programação genética, desde o menorzinho deles até um grandão. E terá a missão de enchê-lo de conhecimento durante a vida até o limite de seu tamanho. O de Einstein, por exemplo, deve ter sido potencialmente gigante, e não tinha como estourar. E veja só: quanto mais a bexiga do conhecimento infla, maior se torna sua área de contato com o grande desconhecido. Pois, enquanto ela estava vazia e murchinha em nossa infância, era mínima sua área de contato com o que não sabíamos. Mas, na medida em que foi sendo inflada durante nosso crescimento — em graus variáveis conforme a informação e o conhecimento adquiridos por cada um de nós —, sua zona de contato com o desconhecido aumenta, e muito, e daí a sensação de que a gente sabe ainda menos do que imaginava saber.

Conclusão: quanto mais conhecermos, mais percebemos que... não conhecemos. Chato, né?

Pois é isso mesmo: quanto mais a ciência progride, mais parece gestar novos mistérios. Ao infinito.

Talvez daí a frase de Sócrates: "Sei que nada sei".

Esse universo de mistérios nos perturba e fascina, e clama por ser decifrado.

Todavia, poucos são os que param para refletir sobre as questões fundamentais da vida. Alguns grandes mistérios que a religião pretende responder. Principiando por:

Quem sou eu? O que estou a fazer aqui? Por que esta família? Possuo alguma missão aqui na Terra?

Deus existe? Como seria Ele?

Temos Alma? Espírito?

O que acontece após a morte?

> *Tipo, por que não existe mesmo um lugar como o paraíso?*

Foi a primeira de uma série de intervenções e indagações da jovem que denominei "Anacleta, a inquieta".

E agora, para você, meu leitor, apresento também a primeira de uma série de perguntinhas especialmente elaboradas para refletir e também puxar pela memória velhos ensinamentos. Pois então:

Que outras questões essenciais da existência você julga que a religião pretende responder?

Por outro lado, quais os mistérios que são território da ciência?

Introduzo dois:

Onde reside a consciência?

Os universos: quantos são?

E na sua opinião, quais são outros tantos mistérios que a ciência deve desvendar?

Veja quantos desses abaixo também você listou:

O que é a mente? Onde reside?

Qual a base biológica da consciência?

A velhice poderá ser postergada por quantos anos ou décadas?
Poderemos vir a compreender a linguagem dos animais?
Astrologia e horóscopo funcionam mesmo?
Por que sonhamos? Como interpretar os sonhos?
Será que há vida inteligente no cosmos?
É possível viajar no tempo?
Existe mais do que "um só" universo? Quantos seriam eles? O que são multiversos?
O Bóson de Higgs (ou "partícula de Deus") está relacionado ao Big Bang e, portanto, à origem do universo?
Qual a natureza dos buracos negros?
A inteligência artificial poderá vir a suplantar a inteligência humana? Em caso afirmativo, quando?
Quais os limites para o infinitamente pequeno?
E o infinitamente grande?
E o infinitamente distante?

> *Tenho curiosidade por mais duas:*
> *como é o centro da Terra e o que existe lá?*
> *E, tipo, como será o chão do mais*
> *fundo dos oceanos?*

Pois agora listo uma terceira vertente, a dos mistérios na confluência da ciência e religião.

Curioso leitor, solicito novamente a sua participação: você faz ideia de quais mistérios conjugam ciência e religião?

Então compare: quantos dos mistérios listados abaixo que superpõem ciência e religião você imaginou?
Quando começa a vida de um embrião?
Mediunidade existe? O que é? A gente pode desenvolver?
É possível comunicar-se com os mortos?
Como começou o universo?
O que são milagres?
Existe destino? Ou será tudo coincidência?
A reencarnação é um fato? Já vivi no passado? Haverá retornos?

O que são as Experiências de Quase Morte (EQMs)?
O homem pode tornar-se imortal?
Foi quando me lembrei de um cenário recorrente. Tenho observado que inúmeras pessoas que assistem a sessões de cinema acompanhadas, após assistirem a um filme que as tocou profundamente, costumam se envolver em uma gostosa e, muitas vezes, acalorada discussão acerca dos seus mais provocantes conflitos, da qual brotam questões polêmicas que frequentemente se limitam às mesas dos cafés, bares e restaurantes. Desperdiçadas nos guardanapos e toalhas de papel, pois não seguem adiante.

> *Nossa, é verdade! Isso sempre acontece tipo assim comigo e com meus amigos. Depois do filme, a gente comenta e discute muito, mas fica por isso mesmo, apesar de dar uma baita vontade de continuar a conversa. Mas a gente chega em casa e acaba fazendo outras coisas...*

Daí nasceu a ideia de realizar uma pesquisa visando descobrir como as pessoas reagiriam quando defrontadas com questões incisivas acerca de alguns mistérios, sonhos e fantasias que intrigam a humanidade. Produzi um pequeno porém original questionário com a proposta de impedir o "depende" nas respostas, levando o entrevistado a uma espécie de "emboscada" da qual não poderia escapar. Várias das perguntas objetivaram provocar uma certa angústia no interlocutor, de tal maneira que pudesse gerar reflexão nas respostas.

Mais de uma centena de homens e mulheres, velhos e moços, solteiros e casados das mais variadas profissões e ocupações responderam à sondagem.

O questionário encabeça o Capítulo 9, junto à compilação das respostas.

Pois então. Que tal também você responder a essa sondagem?

Prepare-se, pois as questões são mesmo instigantes.

CAPÍTULO 2

A PESQUISA: análise e interpretação

A pesquisa foi efetuada entre o segundo semestre de 2014 e abril de 2017 com base no questionário publicado a seguir.

Relato as respostas que emanaram do âmago dos respondentes, que tecem um cenário poucas vezes desvendado: quais seriam os maiores mistérios da humanidade? E que profundos sonhos e fantasias imaginariam realizar?

Abaixo publico o questionário completo empregado na pesquisa.

O questionário

Esta pesquisa tenciona investigar como você encara os grandes mistérios que intrigam a humanidade há séculos, bem como lida com seus maiores sonhos e fantasias, que os avanços da ciência só fazem aumentar.

Não há resposta certa. Só respostas autênticas!

São questões instigantes que devem provocar inquietude e reflexão e te farão repensar as fronteiras e o significado da sua vida.

Perguntas:

1) Na vida, a única coisa de que temos certeza é de nossa morte.
Pois bem. Vamos supor que haja um momento, <u>e um só</u> na vida de cada um de nós, em que seja possível tomar conhecimento do dia da morte.
E que esse momento seja hoje, agora.
Reflita.
Você gostaria de saber com que idade vai morrer?
a) Sim
b) Não
Por quê?
_____
_____

2) Deixe de lado por um momento suas próprias crenças em Deus e no pós-morte.
Pois bem. Se lhe fosse oferecida a chance de escolha, o que você <u>preferiria:</u>
a) Que tudo termine com a sua morte aqui na Terra. Morreu: acabou tudo.

b) Outras vidas, mesmo que em seu retorno você corra o risco de viver uma existência penosa.

3) As crianças costumam ter muita fantasia; sua imaginação é poderosa. Quase todos nós, em alguma fase da infância, chegamos a alimentar alguns sonhos ou aqueles desejos quase impossíveis de realizar. O da *Alice no País das Maravilhas*, *Peter Pan e a Terra do Nunca*, as *Viagens de Gulliver*, o "mundo do faz de conta da Emília, do Monteiro Lobato, e o *Harry Potter* são retratos dessa imaginação sem fronteiras.

Muito bem.

Suponha por um momento que hoje, e precisamente hoje, a exemplo da lâmpada mágica de Aladim, seja-lhe concedida a realização de três de seus mais secretos desejos, sonhos ou fantasias.

Quais você pediria?

Voar
Tornar-se um gênio
Permanecer invisível por um tempo
Ser miniaturizado por um tempo
Imortalidade
Poderes do super-homem
Poder voltar para o passado
Saber o que acontece após a morte
Saúde perfeita pelo resto da vida
Muito dinheiro
Enigmas da vida decifrados (de onde viemos e por que estamos aqui)
Controlar o tempo
Felicidade perpétua
Telepatia
Ler o pensamento dos outros
Apagar lembranças ruins da memória
Compreender a linguagem dos animais
Teletransporte
Outro(s): _____

4) Você acredita que há vida inteligente em outros planetas?
a) Não
b) Sim

4.1) Suponha agora que um dos diversos filmes de ficção científica abordando alienígenas se torne realidade e que você tenha a oportunidade única de encontrar um deles face a face. Refeito do susto, você ouve do ET, por um aparelho transcodificador, a garantia de que ele não lhe fará mal algum. E, mais do que isso, permite que você lhe faça duas perguntas — e somente duas — sobre o seu planeta de origem ou dos seres que o habitam.

Pois bem: quais as duas perguntas que você lhe faria? Lembre-se: são apenas duas.

1._____

2._____

4.2) O alienígena, por sua vez, também demonstra grande curiosidade pelo planeta Terra e escolheu precisamente você como o "embaixador" da Terra. Lembrando que você representa a humanidade, ele lhe faz três indagações:

a) Qual a maior conquista tecnológica da Terra?

b) Do que você, representando o planeta, mais se orgulha?

c) Do que você mais se envergonha?

4.3) Após responder a essas três indagações, o ET descreve a você o planeta de onde veio. É um cenário bem parecido com o Shangri-lá retratado pelo filme *Horizonte Perdido* ou o do planeta do filme *Cocoon*: seus habitantes têm a aparência semelhante à nossa, energia intensa, não adoecem e, após certa idade, param de envelhecer. É um lugar onde reina a paz e o amor, não há guerras, fome ou miséria e é muito mais avançado tecnologicamente que a Terra.

E, surpresa das surpresas, o ET convida você para acompanhá-lo na viagem de volta ao planeta dele. Mas atenção: só você, e sem volta. Fique tranquilo: ele lhe garante que os seus familiares e animais de estimação serão cuidados e protegidos.

E aí, qual seria sua opção?
a) Sim, eu iria.
b) Não, não iria.
c) Por quê?

_____

_____

_____

_____

5) Passado, presente, futuro: "buracos no tempo", o Triângulo das Bermudas... Incontáveis filmes e livros se ocupam do tema, entre os quais o famoso seriado dos anos 1960 *O Túnel do Tempo*.

Teorias e previsões à parte, imaginemos que foi aberto um túnel do tempo, seja em direção ao passado ou em direção ao futuro. Você é um dos privilegiados escolhidos para cruzar essa linha demarcatória de gerações e cenários e optar por retroceder ou avançar no tempo por dezenas, centenas ou, quiçá, milhares de anos. Não se preocupe: sua viagem no tempo será totalmente segura, pois você viajará dentro de uma invisível redoma protetora.

Ao escolher viajar ao passado, você terá algumas horas, ou mesmo dias — a escolha é sua — para ser uma sortuda testemunha ocular da história, pois poderá presenciar *in loco* o fato histórico de sua escolha sem, está claro, poder interferir no mesmo. Findada a excursão, você retorna ao presente e retoma o curso de sua vida.

Se optares pela jornada ao futuro, você estará encapsulado pela mesma redoma invisível. Mas atenção: sua memória do que irás presenciar no futuro será deletada assim que retornares ao presente.

Pronto para a jornada? Para qual tempo você escolhe viajar?
a) Futuro
b) Passado
c) Para qual evento histórico você deseja ser transportado?

_____

6) Quais são, para você, os dois maiores mistérios da humanidade?

a) Há vida inteligente no cosmos?
b) Mediunidade existe? O que é?
c) É possível viajar no tempo?
d) Destino existe?
e) Por que sonhamos?

f) A linguagem dos animais: será possível compreendê-la e comunicar-se com eles?
g) Quem sou eu? Possuo alguma missão aqui na Terra?
h) Deus existe? Como seria Ele?
i) Temos alma? Espírito?
j) A reencarnação é um fato?
k) É possível comunicar-se com os mortos?
l) O que são milagres?
m) Como começou o Universo?
n) Quais os limites para o infinitamente pequeno?
o) O que é a mente? Onde reside a consciência/pensamento?
p) Quando começa a vida de um embrião?
q) Qual a menor partícula?
r) Outro (s): _____

Gênero ( ) Idade ( )

Comentários (se desejar)
_____
_____
_____
_____

Os resultados:

A amostra é constituída por 101 respondentes, sendo 81 mulheres e 20 homens.

As características qualitativas da amostra são bastante homogêneas, pois composta essencialmente de classe média e alta, e a maioria dos respondentes possui grau universitário. Para fins de análise e interpretação dos resultados, decidi dividir a amostra em seis grupos:

Divisão por idade:
54 respondentes com 39 anos ou menos.
47 respondentes com 40 anos ou mais.
Divisão por idade/mulheres:
44 mulheres de 39 anos ou menos.
37 mulheres de 40 anos ou mais.
Divisão por idade/homens:
10 homens de 39 anos ou menos.
10 homens de 40 anos ou mais.

A análise e interpretação dos resultados foi baseada na amostra total de 101 casos. Especial atenção foi dedicada a eventuais discrepâncias entre o grupo de 39 anos ou menos (a ser denominado "os mais jovens"), perante "os mais maduros", que é o grupo de 40 anos em diante, como também quando notamos características inerentes ao grupo feminino. Comentários sobre o grupo masculino apenas no caso de acentuada discrepância nas verbalizações.

1) Na vida, a única coisa de que temos certeza é de nossa morte.
Pois bem. Vamos supor que haja um momento, <u>e um só</u> na vida de cada um de nós, em que seja possível tomar conhecimento do dia da morte.
E que esse momento seja hoje, agora.
Reflita.
Você gostaria de saber com que idade vai morrer?

"Uma vida centrada na morte não é vida" (extraído do filme *Além da Vida*, dirigido por Clint Eastwood).

Três em cada quatro dos respondentes não gostaria de saber com que idade vai morrer (número que sobe para expressivos quatro em cinco dos mais maduros), o que comprova que as pessoas buscam afugentar a inexorabilidade da morte de seu radar. De seu inconsciente, mas principalmente de seu consciente; do seu dia a dia. Esquecer a única certeza da vida: a morte. Não desejar saber quando irá morrer é quase como adentrar um jogo de faz de conta que a morte inexiste.

Os mais jovens, hipoteticamente com a vida toda pela frente, podem temer que a "data marcada para morrer" seja uma vizinha incômoda: contagem regressiva massacrante, viveriam na angústia, e uma eventual morte prevista para tenra idade provocaria falta de motivação pelo tempo restante. Já os mais maduros, com aproximadamente metade da vida pelas costas, sentem que "o que eu já vivi está vivido" e, movidos pela incerteza e esperança, preferem deixar as coisas acontecerem.

O conjunto das justificativas para não conhecer a data da morte foi dividido em três categorias:

a) As afirmativas de caráter mais aversivo, cujos termos predominantes expressam evitar ansiedade, medo e sofrimento:

"Viver a vida sem pensar na morte iminente".
"Me mataria por antecipação".
"Iria gerar inquietude, ansiedade e desespero".
"Passaria a sofrer desde o momento que eu soubesse".
"Sem saber, iria sofrer menos".

"Porque não iria conseguir aproveitar a vida, pensando no dia da morte, mesmo que distante".
"Contagem regressiva massacrante, e viveria na angústia".
"Soaria como uma espécie de chantagem".
"Seria como uma corrida contra o relógio".
"Alteraria o curso natural de minha vida".
"Seria desesperador quando estivesse chegando o dia, e quanto mais esse dia se avizinhasse, mais iria incentivar manias".
"Morte em idade baixa provocaria falta de motivação pelo restante dela".
"Minha vida perderia o propósito".
"A data da morte é como um compromisso, e ao invés de aproveitar a vida e buscar a evolução espiritual de forma gradativa, me sentiria forçada a estar pronta para o compromisso".

b) As afirmativas de cunho mais positivo, enfatizando mistério, surpresa, esperança e viver mais leve, tem predominância dos mais maduros (34%) perante os mais jovens (17%).

"Para viver sempre de maneira leve, mas intensa e não me forçar a nada pelo simples medo de morrer".
"Para viver cada dia com serenidade".
"Gera falta de esperança".
"Somos movidos pela incerteza e esperança".
"Nunca quis saber meu futuro".
"O bom da vida é a surpresa".
"Grande parte do prazer da aventura humana reside no mistério".
"Deixar as coisas acontecerem".
"Amadurecemos tomando decisões sobre o imponderável".
"Vivências no imponderável fazem parte de nosso percurso na vida".
"Gosto mais da ideia de não saber".
"Quero realizar meus sonhos, e para isso não quero saber que poderá ter um fim".
"Porque já passei por uma situação na qual o médico escreveu em meu prontuário risco eminente de vida, e minha reação foi péssima: pensei nas coisas que fiz, boas ou não, no futuro, nos planos, e percebi que temos que aproveitar o agora, o momento, sem pensar na morte. Mesmo crendo que exista vida após a morte".
"Porque tudo tem sua hora".
"Não há o que fazer para se preparar para a morte".
"Vivo cada momento como se fosse o último, e, portanto, essa informação me seria inútil".

c) As menções de cunho mais espiritual:
"A data da morte pertence só a Deus".
"O dono e senhor do tempo é Deus".
"Meu futuro está em suas mãos".
"Como não soube a data do nascimento, não quero saber a data da minha morte".
"Penso que a mente passa para outro plano, só o ego morre, o inconsciente permanece em energia".
"Sabendo que a vida é eterna"... *"Se me foi dada a oportunidade da vida, por que iria querer saber*
até quando"?
"Não tenho a certeza da minha morte, pois Jesus Cristo pode retornar antes desta data".

Todavia, chamo a atenção para o fato de que pouco mais de um em quatro respondentes (27%) de fato gostaria de saber quando vai morrer, percentual que aumenta para quase um em três (31%) entre os mais jovens.

Podemos dividir tal contingente em dois grupos:

— Orientados para si: os que planejam aproveitar ao máximo cada instante da existência:
"Aproveitaria ao máximo cada momento".
"Aproveitaria ainda mais intensamente meus dias".
"Para poder fazer a tempo tudo o que eu quiser".
"Seria libertador e viveria da melhor forma até minha morte sem receio de que ocorresse algo que me matasse nesse meio tempo".
"Realizaria meus sonhos; objetivos".
"Para poder viajar mais relaxada".

— Orientados para a família: os que utilizariam o tempo restante para preparar o terreno para seus familiares, motivo predominantemente defendido pelos mais maduros (15%), contra apenas 2% dos mais jovens:
"Para me programar em relação a meus filhos e família".
"Para tomar as devidas providências".
"Planejar atividades no âmbito da herança".

2) Deixe de lado por um momento suas próprias crenças em Deus e no pós-morte.

Pois bem. Se lhe fosse oferecida a chance de escolha, o que você preferiria:
Que tudo termine com a sua morte aqui na Terra. Morreu: acabou tudo.
Outras vidas, mesmo que em seu retorno você corra o risco de viver uma existência penosa.

Reencarnação: ou um novo recomeço

As pessoas entrevistadas não gostariam que a morte significasse o eterno fim, pois mais de 60% almeja outras vidas, mesmo correndo o risco de uma futura existência penosa. A opção pela evolução de seu espírito em outras encarnações deveria ser aprofundada em uma pesquisa que requer o cruzamento com crenças religiosas.

Chega de viver

Por outro lado, ressalto não ser desprezível haver mais de um em 3 dos respondentes — independentemente de idade — a declarar que preferem que tudo termine com a morte aqui na Terra. Morreu: acabou tudo. Para sempre.

3) Suponha, por um momento, que hoje, e precisamente hoje, a exemplo da lâmpada mágica de Aladim, seja concedida a você realização de três de seus mais secretos desejos, sonhos ou fantasias.
Então, quais você pediria?

Todos os desejos, sonhos e fantasias listados foram votados em diferentes graus, sem exceção. Para fins dessa análise, decidi estabelecer uma linha de corte de 15% das menções, de tal modo que apenas estas serão doravante comentadas.

Saúde perfeita pelo resto da vida é significativamente o desejo mais valorizado por todos, escolhido por mais da metade da amostra (52 menções). É ainda mais relevante para os mais maduros (59%), o que faz todo o sentido, pois, com o passar dos anos, a saúde tende a se fragilizar, o que os torna mais vergados sob o peso da motivação saúde.

Felicidade é um tema que vem sendo alvo de estudos mais aprofundados e recorrentes discussões na mídia, sendo o segundo desejo mais valorizado. Com a ressalva de que o contingente que almeja a felicidade perpétua perfaz menos da metade (25%) dos que sonham com a saúde perfeita (52%).

Logo abaixo vem voar com 21% das menções. Se fosse adicionado aos que optaram pelo tele transporte (13%), comporia 34% das respostas (39% entre os mais jovens), suplantando até o próprio desejo por felicidade. Logo abaixo de voar, com apenas uma menção a menos, o sonho de possuir muito dinheiro, cuja junção à saúde me remete de imediato à letra daquela famosa canção de recepção ao ano novo:

Adeus, ano velho,
Feliz ano novo,
Que tudo se realize,
No ano que vai nascer.
Muito dinheiro no bolso.
Saúde pra dar e vender.

Saber o que acontece após a morte, enigmas da vida decifrados (de onde viemos, para onde vamos, por que estamos aqui), controlar o tempo, poder voltar para o passado e apagar lembranças ruins da memória também foram votados por mais de 15% dos respondentes. Um em cada quatro respondentes que manifestou curiosidade por saber o que acontece após a morte pertence ao grupo dos mais maduros, contra um em cada dez dos mais jovens. Provavelmente o fim da vida que se avizinha deve provocar uma comichão nessa direção.

Um em cada quatro dos que sonham em poder controlar o tempo pertence ao grupo dos mais jovens (24%) em comparação aos mais maduros (15%), o que faz todo sentido por terem praticamente a vida inteira pela frente: como fazer para conciliar tantos planos com tempo tão escasso, dentro de um *script* de vida multitarefas?

4) Você acredita que há vida inteligente em outros planetas?

Não estamos sós
Mais de dois em cada três respondentes (70%) acredita na existência de vida inteligente em outros planetas, o que nos exime de sermos os únicos a ocupar esta imensidão cósmica. Parece que os homens — quatro em cada cinco —, mais que as mulheres, acreditam na existência de vida inteligente fora da Terra. Porém, reforço que a amostra masculina de vinte casos configura uma tendência a comprovar.

4.1) Suponha agora que um dos diversos filmes de ficção científica abordando alienígenas se torne realidade e que você tenha a oportunidade única de encontrar um deles face a face. Refeito do susto, você ouve do ET, por um aparelho transcodificador, a garantia de que ele não lhe fará mal algum. E, mais do que isso, permite que você lhe faça duas perguntas — e somente duas — sobre o planeta de origem dele ou dos seres que o habitam.

Pois bem: quais as duas perguntas que você lhe faria? Lembre-se: são apenas duas.

Antes de elaborar a sondagem, eu mesmo nunca me flagrara imaginando o que haveria de perguntar a tal criatura, se uma oportunidade como essa me fosse ofertada. Quem sabe mimetizar a hipotética questão que a Dra. Arroway teria dirigido a um habitante de Vega, no filme *Contato*:
— *Como conseguiram? Como evoluíram? Como superaram a adolescência tecnológica sem se destruir?*

O fato é que arrolei mais de 170 indagações, que foram divididas em quatro categorias:
O planeta/ localização (46);
O Alienígena (45);
Físico (25);
Comportamental (20);
A Comunidade (34);
Interação com a Terra (47).
As indagações foram agrupadas, quando assemelhadas. Notável é a sua distribuição homogênea pelos quatro grupos, que assim demonstraram sua curiosidade:

O planeta/A localização — 46 menções
"Como é sua natureza"? "Qual a beleza de seu planeta"? "Há oxigênio gasoso na atmosfera de seu planeta"? "Há H2O"? "Como é o clima"? "Como a vida se sustenta em seu planeta"? "Seu planeta é parecido com este aqui"? (18 menções).
"Onde fica o planeta"? "De que planeta você é"? "De onde vieram"? (12 menções).
"Se for um bom lugar, poderíamos nos mudar para lá"? "Eu posso conhecer o seu mundo"? "Seria possível para nós habitar seu planeta"? "Um ser humano sobreviveria lá? (4 menções).
"Como é viver em seu planeta"? (4 menções).
"Há quanto tempo vocês existem"? "Qual a origem de seu planeta"? (3 menções).
"Quais os recursos de seu planeta"? "Que tipo de energia é mais usada lá"? (2 menções).
Quantos são os habitantes de seu planeta? (1 menção).
Em que ano vocês estão? (1 menção).
Qual o nome do seu planeta? (1 menção).

O alienígena (físico) — 25 menções
"Todos são exatamente iguais a você"? Quais os diferentes seres em seu planeta"? "Como são seus habitantes"? "Quantos há da mesma espécie"? "São parecidos conosco"? "Você se acha bonito"? (6 menções).
"Como vocês sentem"? (5 menções).
"Quantos anos, em média, vocês vivem"? (3 menções).
"Do que vocês se alimentam"? (2 menções).
"Existem diferentes sexos"? "Você é menino ou menina"? (2 menções).

"Vocês adoecem"? "Conhecem a cura de doenças como o câncer"? (2 menções).
"Há crianças lá"? (1 menção).
"Vocês fazem sexo"? (1 menção).
"Vocês possuem vida eterna"? (1 menção).
"Quais seus poderes"? (1 menção).
"Já bebeu uma cerveja"? (1 menção).

O alienígena (psicológico/comportamental/crenças) — 20 menções
"Qual sua maior missão na existência"? "Qual seu objetivo na vida"? "Qual sua filosofia de vida"? "No que vocês creem"? (6 menções).
"Quais são seus princípios éticos"? "Há liberdade com respeito"? "Existe preconceito"? "De onde vieste existem maldades e mentiras"? "Existe a diferença entre o bem e o mal? Caso exista, qual predomina"? (6 menções).
"Vocês são felizes? Como"? (2 menções).
"Como são as relações interpessoais de vocês"? (2 menções).
"Seus habitantes se apaixonam"? (1 menção).
"Para vocês, existe Deus"? (1 menção).
"Você consegue ler os meus pensamentos"? (1 menção).
"Como poderíamos trocar conhecimentos"? (1 menção).

A comunidade — 34 menções
"Como se constitui sua comunidade"? "Como é sua rotina e organizado seu estilo de vida"? "Como é seu dia a dia"? "Como vivem em sociedade"? "Como é o convívio entre vocês"? "Descreva seu povo". "Existem leis"? (21 menções).
"O que existe de mau em seu planeta"? "Há pobres lá"? "Há corrupção e inveja"? "Problemas sociais"? "Violência"? "Há guerras lá"? (6 menções).
"Em seu planeta existe harmonia, felicidade e amor ao próximo"? "Há desigualdade entre os habitantes"? (2 menções).
"Como se formam as famílias em seu planeta"? "Você tem família"? (2 menções).
"Qual é sua estrutura de poder"? / "Como se dá a decisão política"? (1 menção).
"Existe dinheiro?" (1 menção).
"Vocês têm música"? (1 menção).

Interação com a Terra/ Outros planetas — 47 menções

"O que vocês pensam de nós"? "Como interagem com a Terra"? "O que vocês sabem sobre os terráqueos"? "Qual seu interesse na Terra"? "Quais seus planos futuros em relação à Terra"? "Por que você veio para cá"? "O que você veio buscar"? "Por que demoraram tanto para nos visitar"? "Por que estão vindo ao nosso encontro só agora"? "Nossos planetas podem se relacionar de forma benéfica para ambos"? "Existe a possibilidade de vivermos em harmonia"? "Há quanto tempo vocês sabem da existência humana"? "Qual sua missão aqui na Terra"? "Seu povo seria receptivo conosco"? (27 menções).

"Há um seu objetivo em nossa evolução"? "Qual sua contribuição para nós humanos"? "Como podem nos ajudar"? "Vocês podem ajudar os seres humanos a não estragar o planeta"? "Vocês nos ajudariam a nos tornar seres melhores"? (6 menções).

"Já se comunicaram, visitaram seres de outros planetas"? "Vocês sabem da existência de outras vidas fora do planeta de vocês"? "Vocês já encontraram outro planeta com vida"? "O que procuram em outros espaços"? (6 menções)

"Como vocês evoluíram a ponto de conseguir chegar ao nosso planeta"? "Como conseguiu viajar de tão longe"? "Como funciona a tecnologia que o trouxe até aqui"? (5 menções).

"Há muitos de vocês aqui"? "Onde está a maior concentração"? (1 menção).

"Podemos ajudá-los de alguma maneira"? (1 menção).

"Vocês sabem quem EU sou"? (1 menção).

4.2) O alienígena, por sua vez, também demonstra grande curiosidade pelo planeta Terra e escolheu precisamente você como o "embaixador" da Terra. Lembrando que você representa a humanidade, ele lhe faz três indagações: um "embaixador" da humanidade, e assim, falando em nome dela, ele lhe solicita que conte:

a) Qual a maior conquista tecnológica da Terra:

O fantástico mundo da internet e a Inteligência Artificial foram eleitos como as maiores conquistas da humanidade, votado por 40% dos respondentes, dos quais 65% são os mais jovens, mais fascinados e conectados ao universo tecnológico.

A seguir, a relação completa das verbalizações:

"Internet e Wi-fi" (25 menções).

"Autossuficiência energética, energia elétrica, luz elétrica" (13 menções).

"*Medicina, descoberta da cura das doenças, remédios, penicilina, analgesia, tecnologia para cuidar da saúde, Projeto Genoma, manipulação genética*" (10 menções). Houve predominância no grupo dos acima de 40 anos (é bom lembrar que também foram esses mais maduros a apontar saúde como o maior dos desejos para a "lamparina de Aladim".

"*Inteligência artificial, informática, microchip que mudou a tecnologia, computadores, impressora 3-D*" (8 menções).

"*Homem na Lua, tecnologia que permite ida a outros planetas, conquista do Espaço, foguetes*" (8 menções).

"*Meios de comunicação, telecomunicações, telefone (onde tudo começou)* " (6 menções).

"*Ferramentas, instrumentos, fusão do ferro, fogo*" (3 menções).

"*Meios de transporte, voar*" (2 menções).

"*Carro híbrido*" (1 menção).

"*Nossa) própria existência*" (1 menção).

"*Transformar água em água potável*" (1 menção).

"*Imprensa*" (1 menção).

"*Evolução das pesquisas científicas*" (1 menção).

"*Quantificar o tempo*" (1 menção).

"*Capacidade de produzir excedente*" (1 menção).

b) Como representante da Terra perante o Alien, do que você mais se orgulha?

"*A natureza do planeta Terra; sua fauna e flora, bem como a generosidade humana e capacidade transformadora do amor*".

Todas as verbalizações vêm a seguir:

"*Natureza do planeta Terra*". "*Conscientização da conservação do Planeta, do ecossistema antes do desequilíbrio*". "*O planeta em si é perfeito, sua biodiversidade, riqueza natural, fauna e flora*" (31 menções).

"*Generosidade humana, amor ao próximo, caridade, altruísmo, humildade, solidariedade, capacidade transformadora do amor*" (27 menções).

"*Diferenças de cada um, diversidade de crenças, pluralidade de culturas, diversidade morfológica*" (5 menções).

"*Evolução e tentativa de fazer o mundo melhor, a constante evolução do ser humano, a curiosidade humana, a capacidade de se reinventar*" (5 menções).

"*Arte e música produzida pelo ser humano*" (3 menções).

"*Da capacidade de sobrevivência da humanidade, sua capacidade de adaptação*" (2 menções).

"*Tecnologia*" (2 menções).

"*Estudo, escola e aprendizagem, o conhecimento humano*" (2 menções).

"Avanços médicos" (2 menções).
"Saber como o microcosmo funciona" (1 menção).
"Pessoas inspiradoras" (1 menção).
"Acreditar em Deus" (1 menção).
"Criar filhos que sobrevivem sem minha ajuda" (1 menção).
"Liberdade" (1 menção).
"Integração dos povos" (1 menção).
"Esperança" (1 menção).
"Sermos capazes de voar" (1 menção).
"Do cultivo da espiritualidade" (1 menção).
"Saber que de repente nada existe; é tudo imaginação" (1 menção).

Instados a relatar qual a maior vergonha que temos da Terra (item c), despontam as atrocidades dos seres humanos, miséria, preconceitos de toda ordem e a onipresente corrupção, abomináveis vergonhas que se sobressaem às demais e que nos constrangeriam sobremaneira perante nosso visitante Alien.

Vejam a relação completa:

"Violência, maldades, atrocidades dos seres humanos, tortura, escravidão de outros seres, guerras, indústria bélica, criação da bomba atômica, nossa capacidade para o mal, ódio, criminalidade, poder que explora e mata" (41 menções).

"Miséria, pessoas que morrem de fome, frio, desigualdade social" (25 menções).

"Falta de respeito pelas pessoas, ignorância, preconceito, inversão de valores, intolerância racial e religiosa, ganância, individualismo, egoísmo, mentiras e suas consequências, falta de generosidade, falta de empatia, desumanização, insensatez, comportamento dos homens" (24 menções).

"Corrupção, política, vergonha do meu país, leis, do povo que não sabe escolher seus comandantes" (16 menções).

"Poluição, destruição do ambiente, indiferença quanto à preservação do planeta, lixo que produzimos" (9 menções).

"Doenças" (1 menção).

4.3) Após responder a essas três indagações, o ET lhe descreve o planeta de onde veio. É um cenário bem parecido com o Shangri-lá, retratado pelo filme Horizonte Perdido, ou o do planeta do filme Cocoon: seus habitantes têm a aparência semelhante à nossa, energia intensa, não adoecem e, após certa idade, param de envelhecer. É um lugar onde reina a paz e o amor, não há guerras, fome ou miséria e é muito mais avançado tecnologicamente que a Terra.

E, surpresa das surpresas, o ET convida você para acompanhá-lo na viagem de volta ao planeta dele. Mas atenção: só você, e sem volta. Mas fique tranquilo: ele lhe garante que os seus familiares e animais de estimação serão cuidados e protegidos.

E aí, qual seria sua opção?

Apenas um em cada dez entrevistados se disporia a acompanhar o alienígena a seu mundo idílico, porém sem retorno, percentual que cresce para quase 100% das mulheres mais jovens (98%). Deixar definitivamente para trás laços emocionais com família e amigos (e *pets* e...) seria insuportável para a quase totalidade dos respondentes.

Todavia, a amostra masculina (lembrar que são apenas vinte homens) se comporta de forma diversa, pois mais de um terço dos homens se dispõe a essa aventura. Seria por que o espírito aventureiro realmente predomina entre os homens? São mais corajosos? Ou quem sabe mais desapegados de suas famílias e amigos? Ou tudo isso junto?

Os respondentes que topariam essa jornada sem volta assim embasam seu desejo de aventura:

"Para conhecer outro povo, outra natureza, outra vida". "Para viver uma experiência rara". "E por que não ir"? "Curiosidade mata — 55 anos por aqui, estou pronta para ver algo diferente". "Instiga a possibilidade de conhecer o novo" "Oportunidade única de novas experiências, conhecimentos, perspectivas, lugares, repertórios". "O que me move é o conhecimento e não tenho mais meus pais nem possuo filhos" (9 menções).

Já os que, mesmo movidos pela curiosidade, decidiriam permanecer aqui na Terra assim justificaram sua decisão:

"O convívio com a família e amigos". "Laços emocionais". "Pessoas amadas". "Animais de estimação são mais importantes que a curiosidade". "Meu coração ficaria na Terra". "Sozinha não faria sentido" (49 menções).

"Aqui cheguei, aqui fico, daqui parto para sempre". "Porque aqui é meu lugar". "Nasci aqui como resultado da evolução humana e adaptada para esta vida". "Porque este é meu mundo e sinto-me responsável por ele". "Porque quero viver a minha vida". "Gosto daqui". "Adoro a imperfeição do nosso viver" (11 menções).

"Sou avesso a mudanças extremas". "Porque não aguentaria mudar minha vida em nome de uma curiosidade". "Eu seria considerada uma estranha lá no outro planeta". "Esse outro planeta não precisa de mim e nem eu preciso dele". "Não haveria retorno". "Não tenho interesse em viajar para o desconhecido, prefiro explorar a Terra" (7 menções).

"Seria covardia deixar este planeta de expiação, provas e evolução do meu espírito" (4 menções).

"Porque não confio em ETs". "Não confiaria tão facilmente" (3 menções).
"Medo do monótono" (1 menção).
"Ambiguidade: o desejo é partir rumo a maiores possibilidades de conhecimento. Mas, sem o retorno, com quem compartilhar as descobertas? (1 menção).
"Em minha opinião, nada existe; somos apenas fagulhas de luz. Dessa forma, tudo se trata de uma construção do nada" (1 menção).

5) Passado, presente, futuro: teorias e previsões à parte, imaginemos que foi aberto um túnel do tempo, seja em direção ao passado ou em direção ao futuro. Você é um dos privilegiados escolhidos para cruzar essa linha demarcatória de gerações e cenários e optar por retroceder ou avançar no tempo por dezenas, centenas ou, quiçá, milhares de anos. Não se preocupe: sua viagem no tempo será totalmente segura, pois você viajará dentro de uma invisível redoma protetora.

Ao escolher viajar para passado, você terá algumas horas ou mesmo dias — a escolha é sua — para ser uma sortuda testemunha ocular da história, pois poderá presenciar in loco o fato histórico de sua escolha sem, está claro, poder interferir no mesmo. Findada a excursão, você retorna ao presente e retoma o curso de sua vida.

Se você optar pela jornada ao futuro, você estará encapsulado pela mesma redoma invisível. Mas atenção: sua memória do que irá presenciar no futuro será deletada assim que você retornar ao presente.

Pronto para a jornada? Para qual tempo você escolhe viajar? De volta para o futuro ou em algum lugar do passado?

Caso tal eterno sonho humano realmente pudesse se tornar realidade, a maioria dos entrevistados (65%) optaria por viajar para algum lugar do passado. Esse percentual se torna muito significativo entre os mais jovens, uma vez que quatro de cada cinco entrevistados optaria pelo passado — com ênfase nas mulheres mais jovens (84%). Seria porque os mais jovens ainda irão construir seu próprio futuro, do qual poderão ser testemunhas, enquanto o público maduro — teoricamente mais vizinho do fim da vida — gostaria de conhecer de fato o resultado do que plantaram?

É digno de nota que as mulheres mais maduras formam o único grupo a equilibrar a opção pelo passado (54%) com a preferência pelo futuro (46%). Como muitas delas não vão chegar ao futuro em vida, ao menos querem conhecer o resultado do que construíram.

Para que época do passado gostariam de viajar?

"Antiguidade, construção das pirâmides, Egito antigo, Grécia antiga, Roma antiga", "tempo de São Francisco de Assis" (10 menções).

"O Big Bang, o dia em que tudo começou". "Para o dia em que o primeiro sinal de vida floresceu na Terra". "Pré-História". "O momento em que nos tornamos autoconscientes" (6 menções).
"Para o tempo de Jesus". "Nascimento de Cristo" (6 menções).
"Descobrimento do Brasil". "Época no Brasil quando só havia índios". "Abolição da escravatura". (6 menções).
Pessoal: "meus primeiros anos de vida". "Meu nascimento" (6 menções).
"Primeiras descobertas da ciência". "Início do século XX". "Descobertas científicas". "Descoberta da luz". "Descoberta da eletricidade". "Para o evento do desenvolvimento da teoria da relatividade de Einstein" (5 menções).
"História contemporânea: o ápice da ditadura, do nazismo e do fascismo na Itália". "Fim da Segunda Guerra Mundial" (2 menções).
"Os anos 1940-50". "Para a primeira transmissão de TV" (2 menções).
"Qualquer show dos Beatles". "Um show de Elvis Presley" (2 menções).
"Construção das catedrais" (1 menção).
"Revolução feminista dos anos 1960/70" (1 menção).
"Conhecer Santos Dumont" (1 menção).
"Vitória do Brasil contra a Itália na Copa de 1994" (1 menção).

6) Quais são, para você, os dois maiores mistérios da humanidade?
Escolhido por 30% dos respondentes, o início do Universo é o maior dos mistérios; com predominância de escolha por mulheres mais maduras (32%) e com uma em cinco das mais jovens (20%).

"Quem sou eu? Possuo alguma missão aqui na Terra?" é a escolha que vem logo a seguir, como um mistério a ser desbravado por um quarto dos respondentes, seguido pela curiosidade quanto à existência do destino, apontada por pouco menos de um em cada quatro respondentes, sendo aproximadamente um em cada três dos mais jovens (30%) e menos de um em cada seis (15%) dos mais maduros.

E, finalmente, ainda com significativo número de menções (uma em cada cinco respondentes), duas grandes questões:
"Deus existe? Como seria Ele"?
"Há vida inteligente no Cosmos"?

PARTE 2

CAPÍTULO 3

MISTÉRIOS, SONHOS E FANTASIAS

É verdade que várias dessas inúmeras indagações não fazem parte direta do dia a dia, mas certamente estão no subconsciente de todos nós. Trazidas à tona por uma das mais fascinantes viagens do imaginário humano: a ficção científica — tão bem denominada fábula de antecipação — e as utopias, celeiro de autores e produtores iluminados que produziram livros e filmes magistrais.

Além da imaginação: a ficção científica

Os mistérios, sonhos e fantasias são os combustíveis que dão forma a uma das mais fascinantes viagens do imaginário humano: seus autores imaginaram cenários que certamente nos perturbam, assombram e fascinam e que possuem o condão de despertar sonhos latentes de uma vida feliz em sociedades justas e equilibradas, nas utopias, bem como o temor de uma vida fria, sombria, cinzenta e atemorizante desenhada nas distopias.

Assim como eu, os autores da ficção científica sofrem de uma verdadeira "nostalgia do futuro". Afinal, imaginar o futuro é o primeiro passo para criá-lo.

Pois, na contramão da crença de muita gente, a ficção científica não se restringe à criação de seres, objetos ou situações mirabolantes completamente divorciados das angústias e conflitos da realidade nua e crua do presente e da possibilidade real de existência em um futuro nem tão distante assim, como será exposto mais à frente.

Imagino que você possa ser fã da ficção científica, estou certo? É um gênero de literatura e de cinema que traduz o impacto imaginário da ciência ficcional na sociedade. Seus primeiros baluartes foram dois gênios que produziram suas formidáveis obras há mais de cem anos, lá pelos idos do século XIX.

Darei duas pistas sobre eles. Um dos prodígios escreveu *Vinte mil léguas submarinas*, em 1870; já o outro, *A guerra dos mundos*, quase trinta anos depois, em 1898.

Você sabe quem são eles?

Acertou se respondeu H. G. Wells, quer dizer, Herbert George Wells para *A guerra dos mundos* e Júlio Verne para *"As vinte mil léguas submarinas"*, autor de tantas outras obras mirabolantes, das quais destaco *Paris no* *século XX (*1863, publicada apenas em 1989!), *Viagem ao centro da Terra* (1864), *Da Terra à Lua* (1865) e *A volta ao mundo em 80 dias* (1872). Já H. G. Wells nos legou, entre tantas outras, *A máquina do tempo* (1895), *A ilha do Dr. Moreau,* (1896) e *O homem invisível* (1897).

Ressalto que *A guerra dos mundos* gerou aquela famosa transmissão de rádio-teatro alardeando a invasão dos marcianos aqui na Terra. Produzida com tal veracidade por Orson Welles, nos Estados Unidos em 1938, provocou pânico real em milhões de americanos, levando alguns ao suicídio.

Os dois pioneiros da ficção científica produziram suas obras geniais em duas linhas distintas, seguidas pelos demais autores nos séculos subsequentes. Enquanto o substrato de Júlio Verne foi a ciência extraordinária, a crítica social permeava a ficção de H.G.Wells. Felizmente, para os apreciadores da ficção científica o século XX, foi pródigo ao nos legar alguns dos mais proeminentes autores do panteão dessa forma de literatura e algumas de suas mais notáveis obras:

Isaac Asimov: *Eu, robô* (1950), *O homem bicentenário* (1976).
René Barjavel: *A noite dos tempos* (1968).
Ray Bradbury: *Fahrenheit 451* (1953).
Anthony Burgess: *A laranja mecânica* (1971).
Arthur Clarke: *2001, uma odisseia no espaço* (1968).
Michael Crichton: *O enigma de Andrômeda* (1969), *O homem terminal* (1972), *Esfera* (1987), *Parque dos dinossauros* (1990), *O mundo perdido* (1995).
Erich Von Däniken: *Eram os deuses astronautas? (*1968).
Philip Dick: *O homem do castelo alto* (1962), *Androides sonham com ovelhas elétricas?* (1968), *VALIS* (1981).
Aldous Huxley: *Admirável mundo novo* (1931).
Stephen King: *Sob a redoma* (2009, série de TV), *Novembro de 63* (2011).
Ira Levin: *Os meninos do Brazil* (1976).
George Orwell: *Revolução dos bichos* (1945) e *1984* (1948).
Carl Sagan: *Contato* (1985).
B. F. Skinner: *Walden II* (1969).
Kurt Vonegut Jr: *Utopia 14* (1952).

> Às vezes me pergunto quem terá sido o maior autor de ficção científica. Será que há um só grande nome? Júlio Verne ou Arthur Clarck?

O meu panteão dos maiores nomes da ficção científica conteria os já incensados Júlio Verne e H. G.Wells, no século XIX, e Arthur Clark, Isaac Asimov e Aldous Huxley no século XX, todos já falecidos.

E hoje? Por mais surpreendente que possa parecer, inexiste um nome que se destaca e possa fazer sombra aos nomes acima.

Complemento a relação das principais obras da ficção científica com uma lista que engloba grandes filmes, alguns dos quais são, inclusive, adaptações de algumas das obras listadas:

Blade runner
Click
Cocoon
Contatos imediatos de terceiro grau
O corpo
Daqui a cem anos
De volta para o futuro
2001, uma odisseia no espaço
Os doze macacos
Em algum lugar do passado
E.T.
Ela
Entrevista com o vampiro
Equilibrium
Estranhos prazeres
Eternamente jovem
Feitiço do tempo
Fenda no tempo
Gattaca, a experiência genética
Geração de Proteus
Inesquecível
La belle verte
Lucy
Matrix
Medidas extremas
Metrópolis
A mosca
No mundo de 2020
O Nimitz volta ao inferno
Parque dos dinossauros.
Peggy Sue, o passado a espera
O planeta dos macacos
Presságio

Transcendence
Um século em 43 minutos
Violação de privacidade

> Você esqueceu de mencionar "Brilho eterno de uma mente sem lembranças"!

Uma "lembrança com brilho"...

Da felicidade perene ao mundo sombrio: utopias e distopias

"As utopias estão para a comunidade assim como os sonhos estão para o indivíduo" (Francis Wolff, filósofo francês)

A crítica ao "sistema" e a engenharia social oriunda da ciência ficcional originam as utopias, sinônimo da arquitetura de uma sociedade ideal, justa e igualitária, onde a felicidade é onipresente.

O termo *"utopia"* origina-se do grego *"ou-topos"*, ou "não lugar", título da obra *Utopia*, de Thomas Morus (1516), que lhe emprestou forma e sentido.

> Lembro-me bem de um engraçadinho que, em uma das aulas de História, definiu utopia como *"uma espécie de lavatório imaginário inventado por Thomas Morus"*... Uma *"uto-pia"*.

Brincadeiras à parte, é pena que a utopia — uma sociedade ideal e paradisíaca — esteja nesse "lugar algum" do significado do termo em grego e que seja apenas uma abstração no tempo ou no espaço; uma espécie de comunidade virtual, na linguagem de hoje. Das utopias emergem esperança, sonhos e uma espécie de "saudades do futuro". *"Aspiro, mais do que espero"* é o fecho da obra de Thomas Morus.

Duas outras utopias famosas, a de Platão (428-347 a.c.) e a utopia religiosa de Santo Agostinho *(A cidade de Deus)*, ainda sem a designação "utopia" em suas épocas, precederam a de Thomas Morus. Outra famosa utopia foi a *Nova Atlântida,* de Francis Bacon (1561-1626), e, principalmente, as de autores mais recentes, do século XIX, que passaram para a história como socialistas utópicos: Robert Owen (1771-1858), Saint-Simon (1760-1825) e Charles Fourier (1772-1837).

As obras de ficção científica e as utopias reproduzem sociedades justas e equilibradas, felicidade perene, inteligência artificial, androides, incursões ao espaço e às profundezas da Terra e do mar, a concretização do sonho de voar, de se tornar invisível, a clonagem, a criônica, viagens no tempo, transplante de memória, encontros amistosos com alienígenas.

Denomina-se distopia a antítese de uma utopia. Também do grego *"dis–topos"*, ou seja, "lugar de dor", a distopia se fundamenta na criação de sociedades pautadas no totalitarismo e também pelo uso de tecnologias mirabolantes como instrumento de controle do indivíduo, relegado a uma simples engrenagem da máquina social, do que resulta uma sociedade fria e sombria.

> *Eu não sabia que existiam as distopias.... Então, enquanto a utopia pode ser um mundo cor-de-rosa, a distopia é toda ela cinzenta e negra... é isso, né? Triste isso.*

A metáfora das cores tem acompanhado minha leitura das obras de ficção científica, mormente as de engenharia social. Lembro-me claramente da imagem acinzentada que fiz da Londres do romance distópico *1984,* de George Orwell (aliás, muitos dizem que o cinza nublado costuma mesmo ser a cor da cidade). Um verdadeiro *Cinquenta tons de cinza* nada erótico...

O *1984* se passa em um mundo cindido em três grandes blocos: Eurásia, Lestásia e Oceânia, com a capital em Londres. Entre outras fabulosas criações de Orwell como a *Novilíngua,* o romance nos legou o termo midiático *"Big Brother"*, que batizou aquele *show* televisivo do zoológico humano. *"Big Brother"* — traduzido como "Grande Irmão" — um deus distópico também onisciente, onipresente e onipotente, pois tudo vê, tudo sabe e tudo pode. É leitura obrigatória para os que se interessam pela engenharia social de ficção, que com o passar do tempo se transmuta em realidade. Distópica.

> *Oba! Aprendi mais uma... eu sempre quis saber de onde vinha o tal do Big Brother, mas toda vez esquecia de procurar no Google.*

O *1984* faz par com outro colosso da ficção de engenharia social, que é o *Admirável mundo novo*, de Aldous Huxley. Uma formidável construção utópica; porém, distópica para muitos, a depender da análise da obra. A narrativa se desenrola no longínquo ano de 600 da era fordiana, em alusão a Henry Ford, considerado o pai da produção em série e padronização dos automóveis, posteriormente estendida por outros fabricantes a quase todos os bens de consumo. Pois nesse "admirável mundo novo", também os seres humanos eram "fabricados" em série, nascendo de incubadoras artificiais em linhas de montagem. Retrata uma sociedade de seres clonados para desempenhar funções específicas, mesmerizada pelo alucinante progresso científico. Seu corolário é a felicidade perene para todos, para a qual contribui majestosamente o Soma — a pílula da felicidade — municiada pelos governantes alfa, o cume da pirâmide social, seguida pelos betas, gamas, deltas e ípsilones (os inferiores).

E quando uma utopia — lugar nenhum — teima em se materializar? Pois trago à tona uma utopia que, de fato, transmutou-se em distopia: a utopia socialista de Karl Marx (1818-1883) e Friedrich Engels (1820-1895), corporificada pela União Soviética nos primórdios do século XX. Um atrevido projeto de engenharia social que infelizmente se revelou uma distopia.

As utopias e as distopias constroem cenários que certamente nos perturbam, assombram e fascinam; as utopias possuem o condão de despertar nas pessoas sonhos latentes de uma vida melhor; bem como as distopias despertam o temor de uma vida cinzenta e atemorizante .

As utopias são o mais próximo que o ser humano já chegou da idealização de um paraíso na Terra. Pena que as utopias e o paraíso sejam apenas abstrações, que guardam uma similaridade entre si: estão fora do eixo tempo-espaço aqui na Terra. A metáfora de um cenário ideal simplesmente está em "lugar algum". E o paraíso está sempre no além ou aquém do tempo, seja em um passado nostálgico ou no pós-morte.

Paraíso, do persa *"pairi-daeza"*, na acepção de "jardim cercado", é o melhor dos mundos, sendo um tema recorrente no judaísmo, cristianismo e islamismo — as três grandes religiões monoteístas. Parece refletir a saudade de algo perdido remotamente; uma nostalgia de estar em um lugar que nunca existiu, onde reinava um estado de perene felicidade — também denominada Idade de Ouro. Os gregos antigos alimentavam tal mito da Era de Ouro no início dos tempos, quando os homens viviam quase como semideuses em um lugar perfeito, onde não precisavam trabalhar e jamais envelheciam.

O paraíso islâmico, reservado aos seguidores do *Alcorão* e dos ensinamentos de Maomé, é um verdadeiro "jardim das delícias", onde todos os desejos serão saciados. No subsolo serpenteiam rios de leite, vinho ou mel, que brotam na superfície em forma de fontes inesgotáveis, os alimentos são deliciosos e abundantes e as virgens destinadas aos bravos guerreiros eleitos do islã.

Já o paraíso cristão é outro lugar onde todos sonham passar a eternidade. Também denominado "jardim do Éden", é o mais retratado na civilização ocidental, onde foram criados Adão e Eva, casal que vivia em comunhão com a natureza, sem sofrimento, dor, envelhecimento e... trabalho! Bem, o resto da história você conhece. Abolição do tempo, pois símbolo de finitude, e uma cornucópia de prazeres não terrenos, cujo ápice é a alegria de ser uno com Deus. Na *Divina comédia*, Dante concebeu o paraíso como sendo uma sequência de nove anéis celestes acima da Terra, em graus crescentes de pureza, até chegar ao décimo anel — pura luz, o "empíreo" — a mente de Deus.

O fato é que sonhos e fantasias alimentam a mente humana há milênios, sempre rumo a um mundo melhor para a sociedade como um todo e para o indivíduo em particular. Seja o "paraíso só no pós morte" ou as "utopias sem lugar", irmanadas na impossibilidade do "aqui e do agora". Que até pode existir, ao menos na promessa da sociedade de consumo que acena com o melhor dos mundos: "ligue já"!.

Mistérios, sonhos e fantasias são os combustíveis que alimentam o imaginário dos autores das obras de ficção científica e utopias, tanto quanto as mentes dos cientistas em seus centros de pesquisa e desenvolvimento ao redor do mundo.

CAPÍTULO 4

VIDA PARA CEMPRE*

(*Não, não foi falha de revisão. A intenção é um *cempre* com duplo sentido: de viver até cem anos ou até para sempre).

A inventividade humana deu ensejo à transformação de inúmeros sonhos e fantasias em invenções e descobertas, para tornar nossa vida mais fácil, rápida e prazerosa.

Proponho-lhe uma indagação que vai requerer uma bela viagem mental (ou ao Google):

> **Em sua opinião, quais as cinco mais importantes invenções na história da humanidade? Não vale a roda, muito óbvia.**

Note que essa é uma reflexão maravilhosa, que permite percorrer a história humana com base nos inventos que eliminaram sofrimentos e outros que nos abriram tantas portas para alegrias sem fim.

Em um intervalo de trinta anos, de 1875 a 1905, os habitantes do século XIX assistiram assombrados a invenções fascinantes que modificaram seu estilo de vida e mesmo sua sobrevivência, graças a alguns dos grandes benfeitores da humanidade.

Alexander Graham Bell, que nos legou o telefone (1877), tataravô do celular;

Thomas Alva Edison e a lâmpada elétrica (1879), como um de seus vários inventos;

Robert Koch e Louis Pasteur, grandes benfeitores da humanidade que salvaram milhões de vidas com a invenção da vacina contra tuberculose (Koch – 1882) e a vacina contra a raiva (Pasteur – 1885);

Daimler Benz, revolucionando a locomoção por meio do automóvel (1886), hoje tão contestado pela poluição e congestionamentos que provoca;

Siemens com seu genial invento, o elevador (1886), que poucos mencionam como tão relevante, mas sem o qual as cidades como as conhecemos simplesmente não existiriam;

Roentgen e os raios X (1895), que pela primeira vez na história da medicina permitiram que enxergássemos dentro do corpo sem ter de abri-lo cirurgicamente;

Os irmãos Lumière, que nos legaram o cinema (1895), uma das nobres artes modernas;

Guglielmo Marconi com o rádio (1896) e Samuel Morse com o telégrafo (1897), possibilitando as comunicações a distância, pela primeira vez na história da humanidade;

E, finalmente, os irmãos Wright — para outros, Alberto Santos Dumont — inventores do aeroplano (1903), ambos pioneiros na materialização do ancestral sonho de voar.

E provoco uma peculiar indagação tão somente reflexiva: que grupo de invenções separadas por um século teria gerado proporcionalmente mais espanto? O raio X ao raiar do século XX ou a ressonância magnética cem anos depois? O telégrafo ou o *smartphone*? O automóvel ou o automóvel sem motorista? (auto-móvel, literalmente!).

> *Puxa! Essa é mesmo uma boa questão. Mas será que daria pra comparar o que aconteceu com cem anos de diferença? São graus de assombro separados por um século! Não pode ser que quanto mais acostumada a gente fica com um montão de novidades, menos elas vão impressionar a gente? Pode ser tipo isso?*

Talvez não saibamos jamais, mas o fato é que desejo reforçar que estamos passando por um ciclo de invenções mirabolantes que estão a impactar profundamente nosso estilo de vida.

Órgãos impressos em 3D.

Apagar memórias indesejáveis.

Implante de memórias artificiais.

Nanotecnologia: nanorobôs produzidos a partir do DNA de cada indivíduo injetados na corrente sanguínea para prevenir e/ou curar doenças.

Realidade virtual.

Carros robôs.

Relações afetivas entre humanos e androides.

Cirurgia robótica a distância.

Identificação das pessoas por sensores inseridos sob a pele e conectados a um sistema operacional.

Clonagem.
Criônica.
EternaMente.
Ectogênese ou "útero artificial".
Quimeras...
... são algumas das fascinantes invenções que acabam de ser lançadas e outras tantas em gestação.

> **Estimado leitor: qual das listadas acima é para você a mais fascinante?**

Ressalto que várias daquelas profecias dos autores de ficção científica, então tidas como extravagantes, já foram traduzidas em invenções pela tecnologia e ciência como ilustro a seguir, sendo as três primeiras extraídas das obras de Júlio Verne:

O submarino Náutilus em *Vinte mil léguas submarinas* foi o predecessor dos U-Boats, submarinos alemães na Primeira Grande Guerra, e, posteriormente, toda a classe de submarinos nucleares das grandes potências.

O balão em *A volta ao mundo em 80 dias* pode ter inspirado Zepellins e aeroplanos; depois, aeronaves de toda espécie, culminando com o Concorde, por ora abortado.

Da Terra à Lua: imaginação transposta ao Sputnik russo e toda a gama dos programas espaciais americanos Mercury, Gemini e Apollo, protagonista da descida do primeiro ser humano na Lua.

O Prozac, um rudimento do Soma do *Admirável mundo novo,* de Aldous Huxley.

A sociedade vigiada por câmeras, mimetizando as "tele-telas" e o Big Brother do romance *1984,* de George Orwell.

A TV de plasma ou de LED na parede, retratada na obra *Fahrenheit 451.*

Ressalto que o interesse que desejo repartir com você não é a dissecação da engenharia, tampouco detalhes das tecnologias envolvidas, mas, sobretudo, o impacto do imaginário da ficção no comportamento das pessoas. Eu realmente não me importo com o "o que" da tecnologia, isto é, seus componentes e interação dos mesmos dentro dos aparelhos, mas sim com seus resultados. Para que serve e como eu faço para utilizar a novidade. Ponto.

> Bradbury dizia que a ficção científica não deve se dedicar a prever que tecnologias teremos no futuro, mas sim a entender como as descobertas da ciência podem responder às questões mais básicas da humanidade... ele empregou as convenções da ficção científica como

expediente para uma exploração que se poderia chamar de mítica, das angústias e problemas do tempo presente.
Veja, 13/6/2012, p.139.

Esse pensamento de Ray Bradbury, um dos maiores expoentes da ficção científica, fundamenta a engenharia social, trilha percorrida por vários dos grandes autores da área.

Os vários milagres tecnológicos que embasam a linha crescente de invenções e descobertas podem resultar em um cenário bastante surpreendente, que deixará a humanidade perplexa. Uma pós-humanidade, traduzida pelo transumano.

O transumano

Cabe à ciência transformar os sonhos e fantasias em novas e fascinantes possibilidades de invenções e descobertas, várias das quais penetram como uma cunha nos grandes mistérios da humanidade. Tão fundo que impactam o significado da existência e a noção do que é o real: o mais que humano, denominado "transumano", ou até "pós-humano": a juventude estendida e a supressão da velhice, rumo à imortalidade; a ectogênese ou útero artificial; os androides, a clonagem humana; a criônica, e a *eternaMente*.

Transumano: memorize bem esse termo, pois ele, cada vez mais, deverá se avizinhar de você.

O termo transumanismo foi criado em 1957 pelo biólogo Julian Huxley para designar as infinitas possibilidades da transcendência do ser humano por meio da ciência e tecnologia. Hoje, uma das principais referências no estudo e discussão do transumano é o cientista e futurólogo Ray Kurzweil, autor da formidável obra *A era das máquinas espirituais* (1998). O conceito de transumano está umbilicalmente conectado a um outro conceito futurista — o da singularidade — que traduz a previsão do ponto futuro (não tão distante) em que a inteligência artificial irá finalmente suplantar a inteligência humana.

> *Sophie, a androide com inteligência artificial deu uma entrevista perturbadora, tipo assim dizer que ela tem alma. Será isso mesmo possível?*

Ressalto que transumano, mais do que a transcendência do humano, significa o "humano transitório", rumo a uma pós-humanidade. Uma pós--humanidade a ser gloriosamente vivida sob dois prismas. A erradicação do sofrimento é um deles — deficiências físicas e mentais, doenças e envelhecimento — tido pelos transumanistas como desnecessário e indesejável.

O outro prisma é ainda mais ousado, pois remete a poderes sobre-humanos, como que mimetizando os semideuses da mitologia greco-romana: ideais de beleza, completo bem-estar, felicidade suprema, expansão da inteligência e da longevidade, rumo à imortalidade.

Os semideuses nasceram da união de deuses do panteão grego com simples humanos. Os mais famosos foram Hércules, lembrado pelos seus "Doze trabalhos", Aquiles, que era invencível até descobrirem que seu calcanhar era seu ponto fraco, Perseu, o herói que matou a Medusa, a "monstra de cabelos de serpente" que transformava em pedra quem a fitasse diretamente, e Teseu, o herói responsável pela morte do Minotauro, mitológico ser com cabeça de touro.

O transumano coloca em cheque a própria delimitação de "ser humano" (em ambos os sentidos: ser humano na acepção de homem ou mulher e também no que significa ser humano). São ilimitadas suas possibilidades de transcendência, e podemos e devemos expandir o ser humano física e mentalmente, chegando até mesmo à simbiose homem-máquina como próximo estágio dessa evolução humana.

O transumano homem-máquina desponta como uma nova espécie, híbrida de humano e androide, que poderá vir a ser replicado e ressuscitado: *O homem terminal*. Tomei emprestado esse termo do título de uma genial obra escrita pelo notável autor de ficção científica Michael Crichton, em 1971. O romance trata das desventuras de um violento psicopata submetido a um revolucionário tratamento experimental visando conter seus impulsos agressivos, por meio de eletrodos implantados em seu cérebro e conectados a um microcomputador. Dou à expressão "homem terminal" um duplo sentido. Por um lado, reflete a crescente conexão homem-máquina, a exemplo do retratado naquele livro. E, pelo outro, nomeia o que considero ser "o término do homem como o conhecemos": único (como suas impressões digitais) e mortal, pois logo chegará o dia em que ele poderá ser replicado e ressuscitado.

O sonho de transcender os limites humanos é bastante antigo, tanto que o transumano possui um longínquo antepassado — a alquimia — ambos sinalizando uma conjugação da ciência com a religião. A palavra "alquimia" provém do árabe *"Al-khimia"*, com *"khimia"* designando química e *"Al"* o Ser Superior (daí *Al-lah*). Então, alquimia significa a "química de Al" ou "Ciência de Deus", ou, ainda mais apropriadamente, a química transcendental e espiritualista. Os alquimistas trabalhavam para produzir a "pedra filosofal", a partir da qual seria possível transmutar metais em ouro, como também obter o elixir da longa vida. Este está intimamente ligado ao transumano, com o poder de aumentar a imunidade humana, curar doenças e postergar a velhice, talvez até em direção à vida eterna. Outro dos objetivos da alquimia que o transumano também mimetiza apontava para a criação de vida humana artificial a partir de matéria inanimada: os *"homunculi"*, do latim, que significa "pequeno homem", conceito que parece descender do alquimista Paracelso, cujas descobertas datam do século XIV.

Você sabe quem também muito se interessava pela alquimia? Ninguém menos que o genial físico e matemático britânico Isaac Newton, formulador das leis da gravidade. Pois, em paralelo a seus estudos, visando desvendar as leis da física, Newton também mergulhou na alquimia, buscando encontrar fórmulas alquímicas que poderiam conduzir à imortalidade.

Fascinante, não é mesmo? Da alquimia à clonagem, à criônica e à *eternaMente:* para onde a ciência nos conduzirá?

Você se sente preparado para este futuro que se avizinha?

Em caso afirmativo, poderá aproveitar intensamente os últimos inventos. Em caso contrário, não se preocupe: goste ou não, o futuro chegará até você. Logo logo.

Todavia, a vida tão agitada, as preocupações e a rotina do dia a dia ocupam quase a totalidade do tempo e da mente da imensa maioria das pessoas que agem como manada seguindo os demais, e raros se preparam para novas realidades. Realidades que irão impactar o sentido da existência de uma forma jamais vivida antes.

> *"Eu preciso estar disposto a desistir do que sou para me tornar o que serei"*
> Albert Einstein (1879 – 1955)

Sonhos e fantasias alimentam a mente humana há milênios, e nossa vida está envolta por mistérios, sujeitos às tênues fronteiras entre ciência e religião, um verdadeiro campo minado.

Esse perigoso terreno é o cenário de uma das mais fascinantes dicotomias ao longo de boa parte da história da humanidade: o "embate" entre ciência e religião, cada qual chamando para si a tarefa de desvendar os grandes mistérios do universo e até mesmo de realizar sonhos das pessoas.

A ciência, ao dar forma a novas e incríveis possibilidades de invenções e descobertas passíveis de migrar dos centros de pesquisa e desenvolvimento para o mercado em algum dia não tão distante.

A espiritualidade e a religião que se propõem a ofertar sentido e respostas ao mistério da existência, onde ancoramos significados e valores mais profundos, conectados ao sagrado, ao transcendente e ao divino. E tão oportunamente apaziguar a alma e oferecer sentido ao redemoinho emocional provocado pelos milagres da ciência e da tecnologia no cotidiano de todos nós.

O genial físico e Prêmio Nobel Albert Einstein, um homem profundamente espiritualizado, defendia que a ciência deve se ocupar do que *é*, e a religião do que *deve ser*. Para ele:

"A ciência sem a religião é manca;

A religião sem a ciência é cega".

CAPÍTULO 5

CIÊNCIA E RELIGIÃO:
conflito ou comunhão?

"Qualquer um que se dedique à pesquisa científica se convence de que um espírito se manifesta nas leis do Universo, um espírito enormemente superior ao do homem"
Albert Einstein

Há mais ou menos cem anos, um físico meio maluquinho, com aparência excêntrica, cabelo desgrenhado e registrado para a posteridade mostrando a língua e com os pés profundamente fincados na ciência já reconhecia que os mistérios do universo são infinitos, que ciência alguma seria capaz de desvendá-los por completo. Além de fenomenal cientista, também era profundamente espiritualizado, e sua religião consistia na veneração por uma força que está além de nossa compreensão, e, precisamente nesse sentido, considerava-se um homem profundamente religioso. Ao ser questionado sobre suas crenças religiosas, respondia sempre: "Não tenho religião, mas religiosidade".

Ninguém menos que o Prêmio Nobel Albert Einstein, o genial cientista que formulou a teoria da relatividade.

É certo que vários mistérios, sonhos e fantasias pertencem aos domínios da religião, como já visto anteriormente. Particularmente Deus, por mais que alguns cientistas estejam a se arvorar na condição de tentar provar sua existência.

Você perceberá que, enquanto o motor da ciência é dúvida e razão, alimentado pelas questões naturais e verificáveis por experimentos, o combustível da religião é a crença, baseada no espírito, na "revelação", na fé, no sobrenatural. Antinomia essa que costuma produzir "verdades" até mesmo conflitantes, o que me levou a recordar dos provérbios ou ditos populares. Os provérbios encarnam verdades simples e a moral da história de muitas fábulas, que explicam o rumo a tomar em uma situação de conflito. Todavia, assim como os fatos da vida aceitam bem mais do que uma só interpretação, os provérbios costumam ser ambíguos e se contradizem.

Quem espera, desespera
ou
Quem espera sempre alcança?

Mais vale um pássaro na mão do que dois voando
ou
Quem não arrisca não petisca?

Falar é prata, calar é ouro
ou
Quem não chora não mama?

Antes só do que mal acompanhado
ou
Quem não tem cão, caça como gato?

— *Assim de cara me lembro de outros dois.* – acrescenta pela primeira vez Ana Rosa, a religiosa.

Cada um por si, e Deus por todos, oposto de
A união faz a força.
e
O hábito não faz o monge, que é o contrário de
Onde há fumaça, há fogo.

A moral dos provérbios frequentemente se contradiz, ilustrando a ambiguidade da vida. Demonstra que a procura pela verdade prossegue sempre, mesmo porque na maioria das vezes não há uma "só-lução".

> **Esses são apenas alguns dos provérbios que se contradizem. Estou seguro de que você conhece vários outros para completar essa lista. Mas eles têm que ser opostos um do outro!**

A recente ciência e os três grandes baques na autoestima humana
Ciência é um termo tão corriqueiro para nós; estamos tão acostumados a empregá-lo, seja na grande mídia, seja no universo acadêmico, que mal nos ocorre que o termo "cientista" é bastante recente, tendo sido originado no século XIX. Os "cientistas" antes dessa época, quer dizer, os investigadores da natureza, autodenominavam-se "filósofos naturais".

É bastante difícil precisar exatamente quando nasceu oficialmente a ciência tal qual a conhecemos hoje. Alguns reconhecem René Descartes (1596-1650), autor do clássico *Discurso sobre o método*, como pai da moderna ciência e do método científico. Já para outros a láurea pertence a Galileu

Galilei (1564 – 1642), que propôs quatro fases para o método científico, fundamentalmente seguidas até hoje:
Observação de um fato concreto;
Formular uma pergunta sobre o mesmo;
Elaborar uma hipótese, isto é, uma resposta "provisória" à pergunta;
Proceder a um experimento controlado para validar ou refutar a hipótese, que pode e deve ser replicado com resultados idênticos.

Mas foi Sigmund Freud, no século XIX, quem nos alertou que a ciência infligira três brutais estocadas na autoestima humana.

O primeiro baque foi oriundo do astrônomo Nicolau Copérnico, autor da ousadia de deslocar a Terra do seu reinado no centro do universo para uma reles posição orbital inserindo o Sol em seu lugar (a hipótese heliocêntrica).

O segundo golpe emanou de Darwin. Seu legado foi a teoria da evolução das espécies, e ele teve a petulância de rebaixar o homem de sua exclusiva e privilegiada condição divina moldada por Deus e relegá-lo a uma descendência primata.

E o terceiro baque partiu do próprio Sigmund Freud, ao vaticinar que o ser humano não é sequer dono do seu próprio comportamento, o qual frequentemente é regido pelo inconsciente, seu comandante.

Pois bem. Se Freud vivo fosse, provavelmente defenderia que ingressamos na quarta revolução: precisamente a do transumanismo, que simplesmente desmonta a tese do ser humano único e mortal. Pois a clonagem poderá derrubar o "mito da criação", o de que cada ser humano é único, criado à imagem e semelhança de Deus, pois a si mesmo poderá replicar. Também poderá "ressuscitar", devido à criônica, e até viver *eternaMente*, pois a mente de indivíduos recém-falecidos poderá vir a ser transplantada para outros corpos humanos ou, até mesmo, androides.

Pensar cansa: analfabetos em ciência e a Navalha de Ocam

Muito bem. Como retratado nos filmes da década de 1950, "voam as folhas do calendário" e saltamos do final do século XIX para o ano de 2017. O que notamos? Que aproximadamente 95% dos americanos são "analfabetos" em ciência. Isso na pátria da imensa maioria dos Prêmios Nobel! Em outros países, então, nem é bom pensar. Isso ocorre porque é tão mais fácil para a maioria das pessoas acreditar em algo, mesmo que improvável! Permanecer na dúvida e o desconforto provocado pelo desconhecido é simplesmente insuportável para a maioria de nós.

Quase todos temos pavor do vazio, e muitas pessoas, perante várias alternativas, optam por uma explicação sobrenatural, ao invés de persistirem na busca de uma explicação racional mais simples. O cosmólogo Carl Sagan (1934-1996), que ficou mundialmente famoso nos anos 1980 pela série televisiva "Cosmos", postulava a existência de um *continuum* da ciência mal praticada, pseudociência, superstição e, na extremidade, a "religião dos mistérios", erguida sobre a revelação. Pois uma de nossas grandes falácias é a de preencher com o inefável as lacunas do ainda não respondido pela ciência. Enquanto o incômodo do vazio permanece, parece ser bem mais fácil, conveniente e seguro acreditar em algo já prontinho, seja uma crença ou até mesmo uma meia verdade: a cientologia de Ron Hubbard, o magnetismo animal de Mesmer, o orgone (ou energia orgônica) de Wilhelm Reich, os fantasmas, a aura, a percepção extra-sensorial, a grafologia, a piramidologia, a quiromancia, astrologia, os florais de Bach, a numerologia, a radiestesia, o tarô e a parapsicologia.

> *Eu já cheguei a tomar florais de Bach para controlar a ansiedade. E me interesso pelo tarô e por astrologia. Mas o horóscopo é meio estranho mesmo... aliás, vou te contar uma experiência que venho fazendo. Em alguns dias da semana, eu escolho no jornal um signo como se fosse o meu e quando o leio se encaixa direitinho como se fosse pra mim. É muito vago; serve pra todo mundo, é genérico demais: não dá mesmo pra confiar nisso...*

O mundo se transformou em um verdadeiro supermercado em cujas prateleiras repousam inúmeras irresistíveis ofertas de pseudociências e crendices prontinhas para serem degustadas. Aliás, conta-se que um famoso jornalista, ao entrevistar o afamado físico Niels Bohr, deparou-se com uma ferradura dependurada no batente de sua porta. E não pode resistir em lhe indagar o que tal objeto cercado de superstição estava a fazer na porta de tão renomado físico.

— Você certamente não acredita nisso! - exclamou o jornalista. E Niels Bohr retrucou:

— Pois é certo que não! Mas você quer saber? Isso funciona quer acredite ou não...

> **E você: já teve a curiosidade e oportunidade de experimentar alguma delas? Deu certo? Se deu certo mesmo, você acredita?**

Razões evolutivas que premiaram a sobrevivência e o desenvolvimento dos homens primitivos programaram nosso *software* mental a enxergar ordem e até mesmo previsibilidade em tudo. Grandes e peludos animais amarelados com listras negras são perigosos; nuvens plúmbeas prenunciam temporais; após alguns meses de neve, as flores voltam a nascer. Esse nosso tal *software* mental que traz embutida uma fobia ou ojeriza ao acaso e ao desconhecido também gera como efeito colateral o risco de procurar sentido em tudo. O que nos faz enxergar ordem onde ela, de fato, inexiste, fornecendo munição para o despertar das pseudociências e das mais diversas crendices.

Como contraponto às "crenças pré-fabricadas", William Ocam, filósofo e teólogo medieval, deixou uma notável contribuição para a ciência com seu truísmo básico conhecido como lei da parcimônia: "A Navalha de Ocam". Esta reza que entre as várias hipóteses que podem embasar um fenômeno, deve-se escolher a mais simples; suficiente para explicá-lo, descartando assim as demais suposições mais fantasiosas, até melhor elaboradas. Mas daí pergunto: quem, afora os cientistas, sente-se bem ao rejeitar crendices que confortam? Crendices que, em sua origem, guardam poucas semelhanças com o paradigma em que se transformaram.

"Mas sempre foi assim!" Como nasce um paradigma

Vou narrar uma estória.

Um grupo de cientistas tomou a iniciativa de realizar um genial experimento. Cinco macacos foram colocados em uma jaula, no centro da qual havia uma escada, encimada por um apetitoso cacho de bananas. Os macacos iam fazendo macaquices até que um deles — talvez o mais curioso ou mais faminto — decidiu subir a escada para tentar apanhá-las. De imediato, os "sádicos" cientistas, munidos de uma daquelas mangueiras de regar jardim, esguicharam jatos de água gelada nos demais símios, que ficavam encharcados, os coitadinhos. Passado um tempinho, sempre acontecia de um macaco — faminto, curioso ou irreverente — escalar a escada em busca das bananas. Adivinhem só o que aconteceu? Olha só que legal! Sem que os cientistas tivessem que encharcar novamente os demais macacos, os próprios colegas-macacos se encarregavam de esmurrar o abelhudo!

Encurtando a história: passado um certo tempo, nenhum macaco se atreveu a pegar a banana. Paz na jaula, mesmo com o tentador cacho ao alcance de um simples escalar de escada.

Aí então, aqueles cientistas retiraram um dos macacos lá de dentro e o substituíram por um calouro.

E então, aconteceu o quê?

Após rapidamente se enturmar, o que fez o infeliz símio? Escalou a escada, após vislumbrar o tentador cacho lá pendurado. Mal deu tempo de ele tentar acessar as apetitosas bananas, os demais macacos voaram para cima dele, a fim de retirá-lo da escada. Coitadinho do calouro. Sem ter a mais remota ideia do porquê, acabou sendo esmurrado pelos demais. Mais tentativas com resultado idêntico e está claro que também esse macaco desistiu da empreitada.

Um segundo macaco foi substituído e a equação banana-escada-surra se repetiu. E o mais pitoresco é que aquele primeiro "macacalouro" participou ativamente da pancadaria!

Depois um terceiro, um quarto e, finalmente, o quinto veterano foi trocado, de tal forma que, na jaula, havia cinco macacos que nunca haviam recebido qualquer jato de água, mas mesmo assim batiam no abelhudo que cogitava apanhar as bananas.

Pois bem, se pudéssemos retornar ao "tempo em que os animais falavam" e indagássemos àqueles macacos por que surravam quem tentasse subir a escada, provavelmente responderiam:

— Sempre foi assim. Segundo a "BíbliaSímia", capítulo III, versículo 27: "Não deveis apanhar bananas no topo de uma escada. Sereis punidos com sovas dolorosas".

E assim seria para sempre, até que algum macaco com espírito investigativo resolvesse decifrar a origem do comportamento: eis o princípio da ciência.

O inefável explicado pela ciência: o capacete de Deus e a neuroteologia

E que espaço sobra para esse inefável quando ele pode ser reduzido a uma "mera" explicação científica, como a deflagrada pelo canadense Wilder Penfield, ainda nos remotos anos 1950?

Esse genial neurocientista percebeu que eletrodos estimulando o cérebro poderiam provocar verdadeiras alucinações, pois os sujeitos reportavam sensações de flutuar no espaço daquele ambiente, assim como a presença de pessoas inexistentes na sala. Quer dizer, quem previamente não soubesse do experimento e apenas ouvisse os relatos do paciente, acreditaria piamente em fenômenos extracorpóreos.

Décadas à frente, outro cientista canadense — Michael Persinger, da Laurentian University, em Ontário, Canadá — descobriu que a epilepsia do lobo temporal poderia provocar alucinações a serem confundidas com visões místicas, que até rivalizavam com relatos de visões do sagrado reportadas por santos e outros "iluminados" em conexão com o transcendente. Visando aprofundar tais descobertas, Persinger decidiu conduzir um inovador experimento. Utilizando um equipamento por ele denominado *God's helmet* ("O capacete de Deus"), Persinger estimulou com um campo magnético os lobos temporais de meia centena de estudantes universitários, que em consequência relataram visões de seres efetivamente não presentes no local. A genial proposta de Persinger e dos demais cientistas é precisamente a de investigar à luz nua e crua da ciência os fenômenos relatados como espirituais, visando comprová-los ou desmenti-los. O que faz estudiosos questionarem se não teria sido a epilepsia do lobo temporal a responsável pelas vozes ouvidas por Joana D'Arc, clamando pela salvação da França. Talvez Moisés sofresse dessa epilepsia, então a responsável pelas vozes do próprio Senhor soprando-lhe os "Dez Mandamentos" cunhados nas tábuas da Lei.

A mesma epilepsia pode ter originado o diálogo do profeta Maomé com o Arcanjo Gabriel, que originou o Alcorão.

> *Desculpe-me, mas aí já é demais!*
> *A ciência tentar provar que Moisés, Maomé,*
> *Joana D'Arc, entre tantos nomes sagrados,*
> *pudessem ter sido doentes da cabeça! Faça-me o favor!*
> *É muito rótulo, né? Por que a ciência tem que se meter*
> *em tudo? Por que os cientistas não ficam lá em seus*
> *laboratórios e deixam a religião em paz? A Bíblia reza*
> *que os profetas foram os profetas, e pronto!*

São hipóteses que realmente podem chocar, mas o fato é que a ciência trabalha mesmo é com hipóteses. E nesse caso polêmico, a ciência apenas deseja levantar a hipótese de que isso teria sido possível. Não que todas as visões do sagrado, mormente as de figuras místicas da religião, devam ser atribuídas à epilepsia, mas ao menos algumas dessas visões realmente podem ser devidas a simples causas neurais. Uma solução bem mais simples e sensata do que sempre atribuir ao sobrenatural a explicação de um fenômeno desconhecido: A Navalha de Ocam!

Outra metáfora ilustrativa e divertida sobre o poder inaudito da crença alocada acima de qualquer evidência científica é a do "Dragão na garagem", contada por Carl Sagan no livro *O mundo assombrado pelos demônios*.
Funciona assim:
Eu me dirijo a você e lhe conto, ao pé do ouvido, que "na minha garagem há um dragão que cospe fogo pelas ventas". Você vai lá, todo curioso e... nada de dragão!
Que pena...
— Cadê o dragão? – pergunta você.
— Ah... — respondo. Deixei de lhe contar que ele é.... in-vi-sí-vel.
— Tenho uma ideia. — replica você. Que tal espalhar farinha pelo chão da garagem para que o (incorpóreo) dragão ao menos possa deixar suas pegadas?
E eu contra-argumento:
— Muito criativo! Mas é que ele... flutua...
E assim, nosso diálogo sobre como fazer para "perceber um dragão invisível" pode se estender quase ao infinito.
Eu sempre terei à mão uma resposta sensata para explicar por que o escorregadio-dragão é tão difícil ou mesmo impossível de detectar. Até mesmo por meio de sensores infravermelhos — pois afinal, seu fogo invisível é desprovido de calor.
Ao fim do kafkiano diálogo, eu ainda posso arrematar:
— Mas acredite! Há mesmo um dragão em minha garagem.

Ciência e religião se dão?

Pois muito bem. E quando a religião encontra a ciência, o que será que acontece?
Do encontro da religião com a ciência, certamente resultaram faíscas, no passado. Mas vamos viajar um pouquinho só pela história, que narra cenários de natureza oposta. Em um extremo, a desavença entre ciência e religião como nos tempos da "Santa Inquisição" nos séculos XV e XVI. No outro, uma bem-vinda conjugação entre ambas que eclode em vários cantos do planeta.
Principiemos pela incongruência: abordarei mais à frente o belo cenário da conjugação ou, ao menos, da complementaridade.
Os mais contundentes embates entre ciência e religião foram deflagrados nos séculos XVI e XVII, palco do desabrochar da revolução científica, na vigência de grande poder da Igreja, incomodada com o nascimento das descobertas. As fogueiras da Inquisição são o reflexo mais aparente e pavoroso dessa época, em que se contam aos milhares os perseguidos por

suas heresias. Copérnico, que se atrevera a situar o Sol no centro do sistema planetário, só escapou de ser perseguido e provavelmente executado porque faleceu antes disso. Já o frei dominicano Giordano Bruno não teve a mesma sorte, tendo sido queimado vivo, no século XVI, por suas ideias heréticas. Galileu Galilei, além de sua própria genialidade, contou com o auxílio do recém-inventado telescópio para confirmar e expandir a visão heliocêntrica de Copérnico. Ele foi aprisionado e evitou a fogueira ao abjurar de sua teoria, não sem antes proferir uma das mais celebradas frases da história: *E puor si move* ("Mesmo assim, é a Terra que se move").

Por outro lado, historiadores que melhor se debruçaram sobre a Inquisição verificaram que várias perseguições e execuções não se deram pelos motivos normalmente alegados, mas principalmente pela afronta aos cânones e dogmas eclesiásticos. Por exemplo, Giordano Bruno foi incinerado devido a suas crenças heréticas acerca da divindade de Jesus muito mais do que pelo que professorava como cientista. Da Idade Média até o Renascimento, a Igreja ensinava que a Terra era plana e proibia autópsias. Em contrapartida, ainda no campo da medicina, a Escola Médica Papal — hoje Universidade de Roma — foi a pioneira nas pesquisas em anatomia e fisiologia por um longo período na Idade Moderna. Lembremos que um monge agostiniano — Gregory Mendel (1822-1884) — é tido como o pai da genética moderna. É digno de nota que, por séculos, mormente da Idade Média até o Renascimento, a Igreja tenha contribuído com vultosas somas de dinheiro destinadas ao estudo e pesquisa da Astronomia, em uma instituição que é hoje o Observatório do Vaticano.

> *Eu lembro de ter aprendido nas aulas de História que a Igreja também incentivava a ciência e sempre acreditei que a religião não era assim tão malvada, e que ela até podia fazer o bem pra ciência. Então gostei mesmo te ter lido isso agora!*

Os estudos de muitos filósofos da natureza (os cientistas de então), ainda na época de Newton, mesclaram as fronteiras entre religião e ciência, pois buscavam decifrar o plano de Deus para o universo. Atribuir desígnios divinos a fenômenos naturais, inserindo-os em uma dimensão sobrenatural, fez a ciência permanecer entravada por séculos a fio.

Novamente, o inefável preenchendo as lacunas do desconhecido: a Navalha de Ocam, novamente ignorada.

E o cenário assim permaneceria, não fossem os intrépidos cientistas que procuraram desbravar o desconhecido, abdicando do sobrenatural como a "única explicação". Precisamente como se posicionou o célebre biólogo evolucionista Richard Dawkins, em entrevista concedida à Folha de São Paulo em abril de 2013: "Se não acreditamos em Thor, por que crer no Deus cristão"?, fundamentalmente sobre Deus, ateísmo e religião.

O trecho que enfatizo se refere à dicotomia do sobrenatural *versus* humildade para investigar. Vejam:

Jornalista: E quanto ao que não conseguimos explicar? Não vem daí uma das necessidades da religião e da crença no sobrenatural?

Dawkins: Eu gostaria que as pessoas não fossem preguiçosas, covardes ou derrotistas o suficiente para dizer: "Eu não consigo explicar, portanto isso deve ser algo sobrenatural". A resposta mais correta e corajosa seria a seguinte: "Eu não sei ainda, mas estou trabalhando para saber".

"Trabalhando para saber", claramente um sinônimo para "fazer ciência": a explicação sobrenatural dando lugar à busca da verdade científica.

Os dogmas da religião, as hipóteses da ciência e a soberba do homem

Um pressuposto fundamental é que as leis da natureza investigadas pela ciência, do microscópico ao macroscópico, são universais. A ciência não pretende ultrapassar as fronteiras do mundo natural (ou ao menos não deveria), permitindo que a religião se incumba de penetrar os mistérios insondáveis do sobrenatural, a partir dessas fronteiras. Os domínios da ciência são o mundo natural, os da religião são as questões existenciais.

O grande entrave é que, enquanto a ciência vive de hipóteses e provas para confirmá-la, a religião se alicerça em dogmas. As religiões pregam: acredite! A ciência diz: investigue. Por conseguinte, quando descobertas da ciência — sempre dentro do seu universo natural — conflitam com os dogmas da religião, o que acontece? Infelizmente, a religião costuma permanecer encastelada em seus dogmas, precisamente como aquela estória dos esguichos nos macaquinhos. As religiões não costumam incorporar as novas verdades científicas, que poderiam até trincar alguns de seus alicerces. Sua postura costuma ser de renegá-las ou falseá-las em uma sutil manobra de "ajuste" a seus dogmas.

Mas veja só: também a ciência pode ser intolerante e.... dogmática!

Lembre-se da teoria do geocentrismo, hipótese que perdurou por séculos a fio e postulava a Terra como centro do universo, ao redor da qual giravam o Sol e os planetas. Isso após outros séculos de crença na Terra... plana.

A ciência já referendou teorias escabrosas como a de Cesare Lombroso, em meados do século XIX, correlacionando propensão ao crime com traços faciais: o "criminoso nato" poderia então ser identificado por meio de determinadas características corporais. Teorias científicas ainda brotam aqui e ali, apontando para superioridades étnicas e de gênero, que refletem intolerância e dogmatismo. Como brilhante crítico social que foi, a frase de H. G. Wells é lapidar: "A grandeza da ciência é paralela à fraqueza humana".

Porém, no geral, não é a ciência que faz soar as trombetas do Armageddon, são os homens e sua soberba, ira, ganância e inveja que a tornam maléfica. Há historiadores que atribuem o suicídio de Santos Dumont a seu desgosto pelo uso militar do aeroplano, maravilhoso invento que muitos atribuem a ele.

Um outro desgosto que ao menos produziu um final feliz foi o vivido por Alfred Nobel, que emprestou seu nome ao maravilhoso prêmio concedido anualmente a alguns dos grandes benfeitores da humanidade. É uma história, no mínimo, curiosa.

> **Você se recorda do invento impactante de Alfred Nobel? Pista: uma palavra que começa com "d" (também poderia ser com "t").**

Pois é: Alfred Nobel foi o inventor do trinitrotolueno, ou TNT, conhecido como dinamite. Quando faleceu seu irmão, um jornal publicou por engano o obituário em nome de Alfred Nobel, que obviamente ficou petrificado com o que leu. Não apenas por tomar contato com seu próprio obituário em vida, mas com o que lá estava escrito: o falecimento de um cientista que possibilitara matar o máximo de pessoas no mínimo de tempo. Pois Nobel fora o criador do TNT com fins pacíficos e nem de longe cogitava o uso destruidor dado ao seu invento. Um caminhão-basculante de culpa acabara de derramar sua carga sobre ele: "Então é assim que eu virei a ser lembrado? Não é possível. Preciso reparar isso. Vou deixar minha herança para uma fundação que irá premiar anualmente alguns dos grandes benfeitores da humanidade".

Desse modo, nascia o Prêmio Nobel, a maior honraria concedida a um habitante deste planeta, movido pelo sentimento de culpa de Alfred Nobel. Atribuído anualmente aos que mais se destacaram em cinco áreas: Física, Química, Medicina, Literatura e Paz, sendo que o Prêmio Nobel de Economia só foi instituído em 1968.

> *Uáu! Pouca gente sabe disso...*
> *O prêmio Nobel, que é o mais importante do mundo, então foi criado como compensação pela invenção da dinamite. Quer dizer que Nobel foi um "malfeitor-benfeitor"?*

O "malfeitor-benfeitor" Alfred Nobel emprestou seu nome para a ciência e está indelevelmente associado a ela. Ciência que infelizmente costuma estar contaminada pela soberba do ser humano, a "cabeça" dos sete pecados capitais. Ao revestir-se dessa soberba, o homem se imaginou "senhor da ciência": Mas por que testar por tanto tempo produtos tão genialmente criados?

Um exemplo emblemático foi o licenciamento precoce da talidomida no raiar dos anos 1960, que gerou milhares de malformações nos recém-nascidos, mormente na Alemanha. A indústria farmacêutica que desenvolveu a talidomida — um sedativo e hipnótico — acreditava que ela era tão segura que poderia até ser prescrita a gestantes para atenuar o desconforto provocado pelos enjoos matinais. Sucede que os testes clínicos da droga se limitaram a ratos, cujos efeitos nem de longe mimetizavam as monstruosas deformidades em mamíferos e, claro, em humanos: milhares de casos de malformações dos membros dos recém-nascidos, especialmente nos braços (ou ausência destes).

Pois muito bem: se a soberba encabeça os sete pecados capitais, você sabe quais são os demais? Dica: eles formam o acrônimo "SALIGIA".

Os sete pecados capitais são listados sob o acrônimo "SALIGIA": soberba, avareza, luxúria, inveja, gula, ira e, em latim *"Asticia"*, no sentido de preguiça.

> *Eu sempre pensei que cobiça e ganância também compunham os sete pecados. E também a mentira!*

Note que muitas pessoas costumam listar a cobiça, a ganância e a arrogância no rol dos sete pecados capitais. Todavia, a cobiça e a ganância estão sob o guarda-chuva da avareza, enquanto a arrogância pertence à família da soberba. Quanto à mentira... bem, existe a mentira piedosa, aquela contada para alguém não sofrer.

E finalmente não foram a ira e a soberba (esta, mais uma vez...) que levaram médicos nazistas a realizarem — em nome da ciência — experimentos com internos dos campos de concentração, perpetrando os maiores horrores jamais vistos? A mesma ira que fez emigrar dos laboratórios os pavorosos gases venenosos na Primeira Guerra Mundial e o agente laranja no Vietnã.

Observe o alerta que nos faz o Papa Francisco:

> *Dentro de sua autonomia, a ciência transforma a incultura em cultura. Mas cuidado: quando a autonomia da ciência não põe limites a si mesma e vai além, ela pode sair das mãos de sua própria criação. É o mito de Frankenstein"* (*Veja*, 20 de março de 2013, p. 70)

Ciência e religião: comunhão?

Hoje, felizmente, podemos conjecturar que o conflito ciência e religião está circunscrito a um espaço limitado. Pelo lado da religião, um bando barulhento de teólogos dogmáticos, do outro, cientistas mergulhados na soberba e na empáfia na perseguição da verdade absoluta.

Mais uma vez, o Papa Francisco nos faz refletir:

> *A ciência tem sua autonomia, que deve ser respeitada e encorajada. Não se deve interferir na autonomia dos cientistas. Exceto se extrapolarem seu campo de atuação e se envolverem com o transcendente.* (*Veja*, 20 de março de 2013, p.70)

Religião e ciência podem se complementar harmonicamente. O material, das hipóteses e da experimentação, com o sobrenatural e a busca de sentido.

Não em conflito, mas em confluência. Em comunhão.

Comunhão na acepção de ligação, união; compartilhamento. Uma sintonia no modo de sentir, pensar e agir.

Para ilustrar o lugar de cada uma na vida das pessoas, recorro a um caso extremo de tristeza, talvez o maior para uma mãe: a morte de seu filho ainda jovem.

Suponha que uma das melhores amigas da recém falecida comparece ao funeral para prestar sua solidariedade nesse momento de luto extremado. Pois bem: enquanto ela abraça a chorosa mãe, sussurra-lhe o que para consolá-la?

— Nossa, eu sinto muito! E foi tão de repente... se a senhora precisar de alguma coisa, pode contar comigo, viu?

O que também poderia ajudar a consolar a mãe seria algo como:

— Seu filho foi chamado cedo por Deus para tornar-se um anjo celestial que está em paz lá em cima e agora mesmo está observando a todos nós.

Mas, decididamente, não serviria de consolo uma verdade científica como: "Seu filho era constituído de moléculas de carbono e são essas mesmas moléculas que agora se fundem com outras no universo."

Nesse caso, a ciência ajuda? Certamente não.

Quer dizer, uma pessoa desesperada pela morte de alguém muito querido certamente não irá buscar consolo junto a um químico ou a um físico, da mesma maneira que não será um clérigo a quem devemos recorrer para dúvidas quanto a buracos negros e energia escura. A religião deveria propiciar conforto nas horas mais difíceis, aquelas para as quais a ciência é impotente para dar respostas.

> *O que deve ficar claro é que as sociedades necessitam tanto da religião como da ciência. Elas não são incompatíveis, mas sim complementares. A ciência investiga o mundo natural. Deus pertence a outra esfera. Deus está fora do mundo natural. Usar as ferramentas da ciência para discutir religião é uma atitude imprópria e equivocada.*
>
> Francis Collins, biólogo que desvendou o genoma humano (*Veja*, 24 jan. 2017, p. 14)

Os vertiginosos saltos de vários ramos da ciência — inteligência artificial, genética, biotecnologia, eletrônica na medicina e nanotecnologia de forma geral — podem criar problemas éticos, que não devem ser resolvidos só pelos cientistas de sua respectiva área. Para compor o balizamento ético, defendo que os cientistas sejam acompanhados muito de perto por profissionais egressos de outros campos do saber, mormente das ciências humanas, como a Filosofia, o Direito, a Psicologia e as Ciências da religião.

Ciência e religião deveriam conjuntamente trabalhar em harmonia para investigar os mistérios que cada uma, isoladamente, não tem sido capaz de resolver. E numa simbiose interpretar os fenômenos da vida, cada qual utilizando seus próprios instrumentos, respeitando o território da outra.

Einstein defendia que a ciência deve se ocupar do que é, mas não do que deve ser e, por conseguinte, não deveria existir o conflito entre a ciência e a espiritualidade ou a religião. Afinal, a atração pelo mistério é a pedra basilar que fascina e motiva a ciência bem como a religião: trata-se de uma atração espiritual pela natureza; uma verdadeira busca pela transcendência humana.

Mistérios na interface da ciência com a religião

Principiemos pelo grande mistério de quando começa a vida. Esse mistério que gera a interminável polêmica sobre o aborto, talvez a discussão mais próxima da realidade das pessoas, particularmente das mulheres.

Na sua concepção, quando principia a vida de um ser humano? Escolha uma só das alternativas abaixo:

Quando o óvulo adere à parede do útero.

Quando a alma penetra no embrião.

A vida começa no parto, quando o bebê leva a palmada, começa a respirar e chora.

Começa no instante em que o espermatozoide fecunda o óvulo.

Quando o coraçãozinho do feto ainda no útero começa a bater.

Quando brotam as primeiras terminações nervosas que darão origem ao cérebro.

Outra: _____

Quando começa a vida é uma questão que está subordinada à esfera da Bioética, da Biologia, do Direito, da Filosofia, da Genética, da Neurologia, da religião... no mínimo. Será que esqueci alguma área?

Uma das linhas de pesquisa defende que, enquanto o embrião não possuir consciência, ele não será dotado de vida humana. Lembro que um paciente é declarado em óbito pela morte cerebral, mesmo com o coração ainda pulsando. Então, o reverso seria verdadeiro, isto é, o feto só estaria "humanamente" vivo com o início do funcionamento de seu sistema neurológico, por volta da segunda semana de gestação.

Mas mesmo antes disso ele certamente já é uma "pessoa por vir". Se aceitarmos essa hipótese como fundamento da vida humana, então poderíamos deduzir que a mãe seria apenas uma hospedeira do ser por vir, sem o direito de decidir por sua vida, não é?

Por outro lado, será que o embrião-feto é ainda parte integrante do corpo da mãe, que assim poderia dele "dispor" como numa cirurgia estética?

A "criação" da vida em laboratório faz par com esse milenar mistério de decifrar quando principia a vida humana: é a ectogênese, ou "útero artificial". Várias equipes de cientistas estão trabalhando em um projeto que possibilitará aos fetos permanecerem imersos em uma espécie de líquido amniótico sintético dentro de tanques de acrílico, gestando fora do corpo da mulher, permitindo-lhe ter filhos sem o fardo de carregar os bebês durante o período da gravidez.

A seguir, aventuro-me a listar vários outros mistérios que também sobrepõem ciência e religião, que os torna ainda mais fascinantes. Todavia, como por sua própria natureza envolvem profundamente a religião, dificilmente chegarão a ser desvendados, mesmo com todo o auxílio da ciência.

Mediunidade, por exemplo, pertence aos domínios do espiritismo, mas também é investigada pela ciência.

> E o destino? Destino não pode ser tema da religião e também da ciência?

Destino ou acaso: pois até mesmo fatos absolutamente corriqueiros podem estar sujeitos a uma interpretação científica ou religiosa. Acontecimentos que se "encaixam" podem ser lidos como mera coincidência, o acaso da lei das probabilidades na estatística (ciência). Porém, também como uma sincronicidade programada pelo plano maior metafísica, um "estava escrito".

A oração e a fé: uma eventual cura resulta da intervenção divina ou autossugestão? Ou da combinação de ambas? Ou... de um mero acaso?

As Experiências de Quase Morte (EQMs) tanto podem ser interpretadas como uma breve passagem para o lado de lá quanto pela ação desordenada e desesperada do cérebro diante da morte iminente.

Até mesmo a alma superpõe ciência e religião para alguns pesquisadores. Está claro que a quase totalidade das pessoas que acreditam em sua existência a enquadram na religião ou espiritualidade, mas o médico americano

Duncan MacDougall, bem no início do século passado, aventurou-se a pesar seis pacientes moribundos antes e após o desenlace, concluindo que havia uma diferença de 21 gramas entre os dois estados. Por várias razões, tal experimento nunca mais foi replicado (provavelmente pela real impossibilidade de mensurar-se a alma e seu peso); um século após o experimento, foi produzido o filme *21 Gramas* (2003).

Doação de órgãos e eutanásia: quando a vida termina, isto é, quando alguém é declarado clinicamente morto? Hoje, os protocolos médicos defendem que é quando cessa a atividade cerebral, mas não faz tanto tempo assim o indivíduo era declarado clinicamente morto quando cessavam seus batimentos cardíacos.

Então, em um futuro bem distante, próximo ao infinito, a ciência poderá fornecer todas as respostas.

Pronto. Saberemos tudo sobre o todo.

E agora? Você certamente está lembrado daquela divertida metáfora do balão de gás, não é mesmo? Foi aquele exercício que mostrava que quanto mais cheio o balão, mais vai alimentar dúvidas e perguntas.

Pois bem, novamente o balão de gás: quanto mais cheio, maior será a área de contato com o vazio cósmico, que suscitará mais e mais indagações. Para sempre.

Mesmo com seus vertiginosos avanços, jamais a ciência oferecerá todas as respostas para a perpétua espiral infinita dos mistérios da natureza e do universo, que para sempre deixará um rastro de perguntas-sem-resposta: território da religião.

E ainda mais: nunca seremos capazes de formular todas as perguntas!

É bom termos em mente que o universo, afinal de contas, é constituído por 5% de matéria, 25% de matéria escura e 70% de energia escura. Esses dois últimos três quartos do universo permanecem completamente desconhecidos para os cientistas, e a ciência continua impotente para responder a essas e outras indagações, mormente as vinculadas ao que é a consciência e à origem e ao fim da vida. Aliás, sequer sabemos quais são todas as perguntas, pois elas estão constantemente mudando e cedendo espaço a novas, até então insuspeitas para os estudiosos (Marcelo Gleiser, em seu livro *O fim da Terra e do Céu* (2001).

Corroborando novamente Albert Einstein, para quem: "Jamais findará o desvendar dos segredos do universo; sempre restará, numa espiral infinita, algo inexplicável".

O ser humano, prostrado perante o perpétuo inexplicável, que de fato não é "um vazio, um nada", mas talvez até outra dimensão da realidade que nossos pobres sentidos talvez nunca consigam perceber, é tomado por sentimentos de medo, assombro e reverência.

Geradores da espiritualidade e da religião.

CAPÍTULO 6

ESPIRITUALIDADE E RELIGIÃO

"Religião sem misticismo é apenas filosofia" (Papa Francisco, O Estado de São Paulo, 2/10/13, Caderno Metrópole, pág. A19)

Espiritualidade e religião nascem do amálgama de medo e fragilidade, conjugados ao assombro e à reverência perante a grandiosidade dos mistérios do universo, e se propõem a preencher com respostas as gigantescas lacunas existenciais que o pensamento lógico não fornece.

Por que justo eu tenho essa doença grave?
E se acabar meu dinheiro?
Por que sinto tamanha solidão?
O que será do meu futuro?
Estamos sós no universo?
Será que temos alma? E os animais?
E a pergunta de todos nós: Por que a morte?

O fato é que convivemos no dia a dia tanto com uma dimensão bem tangível, material quanto com a dimensão espiritual, intangível. A ciência se apossou do território da realidade material — residência dos cinco sentidos — enquanto ancoramos na dimensão espiritual significados e valores mais profundos, conectados ao sobrenatural, compondo o elo com o sagrado, o transcendente, o divino, a prece, a crença e a fé.

Porém, observo que, na contramão do que tantos imaginam, o espiritual não é um vazio, um vácuo, mas sim uma dimensão intangível que ainda não conseguimos apreender pelos nossos limitados sentidos. Einstein já concluíra que massa e energia são propriedades diversas da mesma substância, comprovando que a matéria nada mais é que energia condensada, o que tangencia o pensamento de Allan Kardec, extraído do *Livro dos Espíritos*:

> *Quanto à natureza íntima da alma, nada sabemos. Quando se diz que ela é imaterial, devemos entendê-lo em sentido relativo, e não absoluto, porque a imaterialidade absoluta seria o nada. Ora, a alma, ou espírito, é alguma coisa. O que se quer dizer, portanto, é que sua essência é de tal maneira superior que não apresenta nenhuma analogia com o que chamamos matéria, e que por isso ela é, para nós, imaterial* (O Livro dos Espíritos, nº 23 e 82).

Está certo que Allan Kardec é o codificador do espiritismo, mas sua posição é corroborada pelo grande cosmólogo Carl Sagan, para quem:

> "Espírito" vem da palavra latina que significa "respirar". O que respiramos é o ar, que certamente é matéria, por mais fina que seja. Apesar do uso em contrário, não há na palavra "espiritual" nenhuma inferência necessária de que estamos falando de algo que não seja matéria, (inclusive aquela de que é feito o cérebro) ou de algo que esteja fora do domínio da ciência. De vez em quando, sinto-me livre para empregar a palavra. A ciência não só é compatível com a espiritualidade; é uma profunda fonte de Espiritualidade".
> *O mundo assombrado pelos demônios: a ciência vista como uma vela no escuro.* São Paulo: Companhia das Letras, 1996, p. 43.

Espiritualidade e religião se confundem, porém ressalto que não são sinônimos.

A espiritualidade vai nutrir e dar forma às mais diversas religiões, que assim perfazem uma das diversas expressões possíveis da espiritualidade. É o sentimento espiritual que origina as religiões.

— *Pra mim, eu até me atrevo a dizer, a religião é uma espécie de conto de fadas pra adultos. Não consigo entender como, em pleno século XXI, ainda tem tanta gente que acredita nos milagres e em tantas passagens da Bíblia. Eu só acredito no que posso ver...* — foi o primeiro comentário de Monteiro, o Engenheiro.

Veja que as religiões se propõem a oferecer guias de conduta, sentimento de comunidade, proteção, força, consolo e compaixão, sendo circunscritas a um mosaico de: cerimônias, crenças sistemáticas, instituições, doutrinas, dogmas, normas, tradições, rituais, símbolos organizados e um líder supremo.

"Re-ligare, re-legere": **Religião**

> "A religião tenta dar sentido àquilo que escapa da racionalidade"
> (Jurandyr Costa Freire, psicanalista, entrevistado pelo Café Filosófico, TV Cultura)

Inexiste um consenso para a origem do termo religião. A hipótese mais difundida advoga que religião advém do latim *"re-ligare"*, na acepção de religar o humano ao divino. Outros estudiosos, porém, defendem que religião se originou de outro termo latim *(religio)*, derivado de *relegere* (em Cícero, *De Natura Deorum*, 45ª.c). Isto é: *re* (de novo) + *legere* (ler) = re-ler. Reler no sentido de prestar mais atenção aos sinais e presságios, que podem revelar a "vontade de Deus". Parece que a primeira definição é a mais divulgada;

mas eu interpreto as duas como sendo complementares e não excludentes, pois, em ambas, há desígnios divinos: uma religação (a algo perdido) e uma releitura dos sinais emanados de Deus.

Religião: religação a Deus e uma releitura dos sinais.

Observo que o fato de seguir uma religião não significa que a pessoa seja necessariamente espiritualizada. O peso e ênfase desse verdadeiro supermercado espiritual-religioso é diferente para cada um de nós, consoante idade, sexo, classe socioeconômica e personalidade.

O ser humano sempre teve aversão ao vazio, e parece que uma das funções da religião é preencher esse vazio. Justamente com aquele mosaico de crenças, cerimônias, doutrinas, tradições, rituais e símbolos sagrados, mais de seis bilhões de fiéis buscam preencher esse vazio com a religião.

O maior contingente de adeptos pertence a duas das chamadas abraâmicas: o cristianismo, com aproximadamente dois bilhões de seguidores, e o islamismo, com algo em torno de um bilhão e meio de seguidores. As maiores religiões orientais — budismo e hinduísmo — congregam, cada uma, aproximadamente um bilhão de adeptos. Esta última, por sinal, é uma das mais antigas — se não a mais antiga — das grandes religiões, com quase seis mil anos de existência.

Já no Brasil, assim se dividem os adeptos das religiões em percentagem (dados do IBGE 2010):

Religião	Percentagem
Católicos	64
Evangélicos	22
Espíritas	3
Outras	3
Sem religião	8 (agnósticos + ateus)

Mas como crescem as igrejas evangélicas! Li que nesse ritmo, em menos de três décadas, a religião evangélica vai suplantar a religião católica. Aliás, na TV só dá culto evangélico.

Sem dúvida, é a TV que dá um significativo impulso para o crescimento dessa vertente religiosa. Seja a Igreja Universal do Poder de Deus, a Igreja Mundial do Poder de Deus ou variantes, o que notamos é uma mescla de curas milagrosas, oferendas, dízimo e... garrafinhas contendo suposta água santificada do Rio Jordão.

Friso que os princípios e ideais que embasaram as religiões, cujo legado nos é transmitido pelos textos religiosos, é belo e extenso e pode ser incorporado por todos nós.

Uma bênção para as incontáveis angústias e agruras humanas
Mensagens de altruísmo, bondade e compaixão
O sentido de comunidade
A música
A arquitetura

Uma catedral para os ateus

Vamos nos deter nas duas últimas, música e arquitetura. As manifestações religiosas por meio da arte são exuberantes, pois a música e a arquitetura religiosas constituem, talvez, as mais belas e profundas expressões do espírito humano. Sinfonias, hinos, corais, as maravilhosas catedrais, mesquitas, templos hindus e budistas. Sem contar as pinturas religiosas de Giovanni Bellini, Michelangelo, Rafael Sânzio, Rubens, Tintoretto, entre tantos.

Porém, vamos supor que, por uma série de fatores, as religiões simplesmente não existissem. Por conseguinte, com a supressão da crença em Deus e a celebração do sagrado, será que o homem produziria tão sublimes obras? Que energia subjacente poderia ter alimentado o desejo de sua criação? Ou será que as tão deslumbrantes artes e arquiteturas religiosas só poderias mesmo ter sido erigidas com a argamassa do sobrenatural?

Daí emerge uma possibilidade fascinante, com o condão de desbancar o deslumbramento de tantos pela arte religiosa. Pois para os críticos da religião, e novamente destaco o apologista do ateísmo Richard Dawkins, o ser humano poderia assim mesmo ter erigido formidáveis monumentos e composto sublimes sinfonias celebrando a beleza cósmica, as cores e formas das galáxias e, por que não, simplesmente a natureza. A celebração do Cosmos, por que não? "Cosmo", em latim, significa "belo", daí o termo cosmético. Então, em vez de "Jesus alegria dos homens", será que Bach poderia ter composto "Luz alegria da alma", a "Aleluia" de Handel seria a "Celebração da natureza" e a "Glória" de Vivaldi poderia ser "A comunhão do homem com o cosmo"?

Recentemente, o filósofo suíço Alain de Botton desenvolveu um projeto para um espaço de contemplação para agnósticos e ateus, destinado a venerar a própria existência humana. Um templo sem púlpito, sacerdotes, cultos e rituais: uma torre negra de 46 metros de altura, aberta apenas no topo. E um simbolismo fascinante: cada centímetro corresponderia a cada um dos 4,6 bilhões de anos de existência da Terra.

Tal projeto seria o mais próximo do que conhecemos como "espaços ecumênicos", ou seja, lugares inter-religiosos especialmente arquitetados para contemplação e meditação.

> **Se você já visitou algum desses espaços ecumênicos, qual foi? Com que objetivo? E como você se sentiu lá?**

Tenho observado que os espaços ecumênicos são raros, pouco acolhedores e não convidam para a reflexão e enlevo: nada que se compare à luz, cor, energia e vibração dos vitrais das igrejas, por exemplo. Da forma como estão ambientados, concluo que só mesmo a religião consegue erguer aquelas maravilhas arquitetônicas de oração e veneração. O espaço ecumênico lá de Cumbica é quase tão frio quanto um ambulatório. Qualquer loja de lá dá de dez naquele espaço!

> *E por que não lançar um desafio, como talvez um concurso público pra criar espaços ecumênicos realmente diferentes? Que acolham todos os credos e também os que não praticam qualquer religião? Algo assim bem original?*

Eu creio que acolhedores espaços inter-religiosos (ecumênico soa melhor, mas é restrito às igrejas cristãs) chamariam muita gente. Localizados no centro das grandes cidades ou próximos aos grandes prédios de escritório, poderiam mesmo atrair milhares de pessoas para relaxar e meditar em suas horas de almoço e ao fim do expediente antes da volta para casa.

Nos dias correntes, vários críticos bombardeiam novamente a religião fazendo par com os grandes ataques da época da onda *hippie* e ateísta dos anos 1960. Os arautos do ateísmo, como Richard Dawkins, Sam Harris, Daniel Dennet e o recentemente falecido Cristopher Hitchens se indignam principalmente com a crença em um Deus pessoal onipotente, onipresente e onisciente. E também se indispõem contra seus rituais, tradições e dogmas inquestionados, como a defesa intransigente do criacionismo que ainda é adotado como verdade absoluta por milhões de fiéis.

Outras tantas críticas são dirigidas à intolerância de vários líderes religiosos em questões que afetam diretamente a vida das pessoas, como sua autonomia sexual: a condenação sistemática do aborto sob quaisquer circunstâncias e do homossexualismo com a consequente rejeição da união homossexual. Sei que você deve ter opiniões próprias a respeito, e certamente não irei polemizar sobre questões tão controversas. Apenas acrescento que tais críticas à religião ganham mais corpo devido a praticantes fundamentalistas que a representam, dogmáticos ao extremo, capazes de perpetrar atrocidades sem limite. No passado, as Cruzadas e a Inquisição, lamentáveis heranças da Igreja Católica. Hoje, em pleno século XXI, das chacinas étnico-religiosas às indescritíveis atrocidades do ISIS, o Estado Islâmico.

> *Acho mesmo que multidões abandonam a religião exatamente porque não aguentam mais sua intromissão na vida das pessoas. Agora mesmo, no século XXI, que privilegia as liberdades individuais, parece não haver mais espaço para a religião se meter em tantos assuntos. Mas ainda é assim mesmo, né?*

É fato que tais críticas cada vez mais frequentes na mídia podem ser uma das causas da migração de tantas pessoas de suas crenças religiosas para a espiritualidade, espiritualidade esta que transcende a religião.

Religião você sabe o que é. E espiritualidade: como você a definiria? Pode haver pessoas religiosas, porém pouco ou nada espiritualizadas? Ou vice-versa, pessoas profundamente espiritualizadas, mas sem religião?

Spiritus... sopro de vida: espiritualidade

Como corolário das críticas à religião, paralelas aos vertiginosos avanços da ciência, forma-se um contingente crescente que abdica totalmente dos credos religiosos, mas que mesmo assim são espiritualizados. Pois como persiste a propensão humana a buscar repostas para questões existenciais de um modo que transcende o tangível, o homem vai buscar na espiritualidade um sentido de conexão com algo maior que si mesmo.

O que as diversas definições de espiritualidade possuem em comum é a presença de sentimentos, pensamentos, emoções e vivências que independem da religião. Ressalto que a espiritualidade não é demarcada por crenças, dogmas, rituais e práticas, podendo ou não estar inserida em uma religião formal. Para ser espiritualizado, não é necessário frequentar cultos ou templos, sejam sinagogas, igrejas, mesquitas ou mosteiros. Você não necessita vestimentas especiais, como o solidéu ou a quipá, nem precisa tirar os sapatos para adentrar uma mesquita. Não há dias santificados, nem quaisquer interditos, mitos ou ritos.

Minha definição predileta para espiritualidade condensa seus aspectos mais relevantes, sem implicar em juízos de valor:

> "Espiritualidade, que vem do latim *spiritus*, significa "sopro de vida" e é um modo de ser e de sentir que ocorre pela tomada de consciência de uma dimensão transcendente, sendo caracterizado por certos valores identificáveis com relação a si mesmo, aos outros, à natureza, à vida e ao que quer que se considere o Último" (ELKINS, 1998, p. 42).

Espiritualidade, então, traduz uma motivação profunda que dá sentido à vida e gera o entrelaçamento de nossos sentidos, pensamentos e ações rumo ao transcendente.

> *Oba! Agora estamos falando a mesma língua.*
> *Pois eu não tenho religião, já falei, né?*
> *E mesmo assim, às vezes, sinto algo, digamos lá no fundo, que vai além do que posso observar e pensar. Mas eu nunca antes tinha lido algo que poderia ajudar a dar forma ao que eu sinto... Então, talvez até possa dizer que sou espiritualizado?...*

Muita gente se declara religiosa, mas talvez sua conduta se resuma a seguir aqueles dogmas, mandamentos, rituais e frequentar cerimônias religiosas.

Já há outros que são religiosos e também espiritualizados.

Transcendência e reducionismo

A transcendência retrata a intenção do sujeito de ultrapassar as fronteiras de seus limites humanos. A transcendência é almejada, mas jamais alcançada, pois as circunstâncias que envolvem atingi-la mudam continuamente: nada é para sempre. Ou, como diz o ditado: "Um rio não passa duas vezes pela mesma margem".

Todos os grandes sábios, místicos, cientistas e religiosos perseguiram a transcendência em suas vidas, em busca desse algo maior. Como também artistas, atletas, compositores, filósofos, inventores, pintores... A lista de tais seres evoluídos, de Alexander Fleming a Zaratustra, não comporta o espaço das próximas páginas.

Nenhuma dessas criaturas iluminadas parece ter se conformado com uma existência, digamos assim, restrita à sua vidinha comum. Todos se dedicaram de corpo e alma a tarefas que, para a grande maioria de nós, soariam sobre-humanas. Trabalharam muito, mas muito mesmo, e vários tiveram de superar sua saúde debilitada. Beethoven, por exemplo, compôs várias de suas sinfonias completamente surdo.

Todos os que transcenderam em suas vidas possuem em comum uma espécie de não dualidade, pois focaram mais suas semelhanças do que diferenças em relação à humanidade. Eles não se percebem tão destacados das pessoas, lugares e coisas, mas, ao contrário, em conexão com elas e com o universo como um grande todo. São indivíduos auto transcendentes, como denominou o geneticista Dean Hamer, autor da fascinante obra *O gene de Deus*.

Mas atente para o que vou expressar a seguir. Tenho plena certeza de que você conhece pessoas até bem simples que fizeram um tremendo esforço na vida e transcenderam o que era para ser uma existência mecânica e condicionada.

> **Portanto, interrompa mais uma vez a leitura e reflita só um pouquinho: quantas das pessoas que passaram por sua vida você julga que transcenderam?**

O transcendente tem o seu oposto: o reducionismo.
Reducionismo?
Imagine a cena de um beijo apaixonado. Daquelas "clássicas" do cinema.
Pois muito bem: caso eu peça uma simples e breve definição de beijo, o que teremos?

Uma manifestação de amor. Uma manifestação de afeto. Cumplicidade. Um jeito de mostrar interesse pelo outro. Ternura. Uma prova de tesão. A lista pode ser extensa.

Um beijo pode ser tudo isso aí e mais alguma coisa.

Qual coisa?

Pois um beijo também pode ser perfeitamente definido como sendo "o contato final das extremidades superiores de dois tubos digestivos" (Victor Frankl, em sua obra *Em busca de sentido*).

O cimo de dois tubos digestivos que se encontram. Que se tocam.

> *Uau! Que máximo! Gostei dessa.*
> *Se eu não fosse ridicularizado, eu mesmo poderia*
> *definir um beijo dessa forma...*

O que acontece? Estará errado?

Errado, não: limitado, talvez. Circunscrito ao material, à descrição fatual do fenômeno: é precisamente o que se denomina reducionismo, que configura exatamente o oposto da percepção transcendente de um beijo.

Enquanto a transcendência significa o "ir além", o reducionismo é precisamente seu oposto. Ele configura uma atitude essencialmente pragmática; uma percepção limitada, se bem que focada, que se traduz por descrever as coisas exatamente como são. Sem margem para interpretação, imaginação ou fantasias. Sei por relatos que muitos costumam ver as coisas pela ótica reducionista, talvez mesmo como vício de formação e profissão. Engenheiros, por exemplo. A grande área das Ciências Exatas pede esse foco, de tanto que foram ensinados e treinados a analisar tudo de forma precisa; depois fica muito difícil ampliar o olhar para além das coisas... o imenso simbólico delas.

> *Nossa! Você está me descrevendo....*
> *Que chato ser assim!*

O grande risco é o do sujeito ficar com dificuldade para interpretar o que vê, ouve, degusta... enfim, o que sente, até chegar ao ponto de não se encantar com nada; não ver graça em nada. Podemos nos maravilhar com um céu estrelado em uma límpida noite de inverno na serra; enquanto o típico reducionista observa que tais estrelas não passam de feixes de luz emanados por distantes corpos gasosos, muitos dos quais nem mais existem.

Mas daí acrescento: motivação e treino permitem às pessoas aprender a se abrir um pouco mais para o transcendente.

> **E agora lhe faço uma pergunta um pouco incômoda. Reflita mais uma vez: Você encara o mundo mais no modo reducionista de ver as coisas ou julga que consegue navegar bastante no modo transcendente?**

Doravante, tenhamos em mente a frase de Pablo Picasso: "Há pessoas que transformam o sol numa simples mancha amarela, mas há também aquelas que fazem de uma simples mancha amarela o próprio sol".

Passagem para o transcendente

Imagino que todos nós possamos transcender através da tomada de consciência de algumas conexões muito especiais. Irão compor uma fascinante jornada de oito "viagens" muito, mas muito pessoais, tanto para dentro de si mesmos quanto em direção ao mundo exterior.

a) A primeira das viagens é para dentro de si mesmo; com o seu próprio interior. Um mergulho em seu âmago, um percurso na direção do autoconhecimento e do sentido da vida, quem sabe até da "iluminação".

b) A segunda é a conexão com outras pessoas, envolvendo sentimentos e emoções capitais como amor, compaixão, altruísmo, gratidão, tolerância, humildade e perdão, como antíteses do orgulho, arrogância, egoísmo e toda sorte de preconceitos.

c) O desapego das coisas configura a terceira jornada, ao tomar consciência de que a posse e ostentação do material não é o fim último.

d) A consciência de que o trabalho é um dos portais para a autor realização.

e) A consciência de que a natureza deve ser respeitada e vivenciada em sintonia conosco, e não destruída para nosso desfrute.

f) A reverência à beleza e harmonia do universo, cujos infinitos mistérios provocam assombro e fascinação. "O Universo não é maior do que imaginamos; ele é maior do que podemos imaginar" (Arthur Clark).

E tomar consciência do sagrado e de que deve existir uma Fonte Suprema de Energia são as duas últimas jornadas rumo ao transcendente.

O sagrado, ao permitir a vivência de situações comuns de uma forma extraordinária, tornando-as únicas. E alimentar a consciência de que existe algo maior, bem maior do que nós, em oposição à soberba de sermos autossuficientes, revela-nos a Fonte Suprema de Energia.

Das oito principais jornadas rumo à transcendência, o sagrado e a Fonte Suprema de Energia são as mais relevantes para compreender o entrelaçamento da transcendência com a religião, a ciência e a ficção, e serão o tema dos próximos capítulos.

CAPÍTULO 7

O SAGRADO

> **O que significa sagrado para você? O sagrado está sempre ligado a uma religião, isto é, simplesmente não existe sagrado sem religião?**

Existe a crença de que simplesmente não há o sagrado sem religião.

Mas advirto que o sagrado é um fenômeno que pode permear tudo ou quase tudo em nossa vida. Pois é plenamente viável vivenciar o sagrado no dia a dia, mesmo que em pequenos episódios.

> *Essa também é nova pra mim.*
> *Eu não sabia que pode existir sagrado sem religião.*
> *Começo a gostar disso...*

Sagrado significa sentir algo "lá no fundo", que toca a alma e provoca sensações mistas de admiração, reverência e até de pavor: o *"Misterium tremendum et fascinum"*, expressão cunhada por Rudolph Otto, um dos maiores estudiosos das Ciências da Religião.

Então, se o universo é o infinitamente grande, o sagrado seria o infinitamente profundo. Que complementa o que é o infinitamente pequeno, por ora o neutrino, ou talvez o "Hádron", e o infinitamente complexo: o cérebro humano.

Parece haver uma convergência na concepção de que o sagrado advém de uma potência ou força sobrenatural conectada ao transcendente, que impregna seres animados ou inanimados, sendo benéfica ou até mesmo maléfica. Tal força sobrenatural pode ser inerente ou atribuída aos seres animados e os distingue de todos os outros, provocando uma cisão entre o mundo natural e o espiritual. Cisão esta que, em um futuro próximo, poderá ser estendida aos seres humanos e os transumanos, gerados pela clonagem, criônica e a "eterna-mente". Ou simplesmente para os mortais e doravante os imortais, clonados e ressuscitados.

Graus do sagrado no dia a dia

O fascinante é que o sagrado pode de fato estar muito mais próximo de nós do que supomos. Pois o sagrado também é a capacidade de vivenciar situações comuns de uma forma extraordinária, conduzindo ao enlevo, ao deslumbramento, ao êxtase. Desde que em verdadeira comunhão com ao menos uma daquelas conexões com o transcendente, lembra-se? Com os outros, com a natureza, com o universo.

O sagrado nos oferece outra surpresa: além de prescindir da religião para ser vivenciado, pode ser experienciado em diferentes graus, pois não é um fenômeno, digamos assim, excludente: ou é ou não é sagrado. Tais nuances compõem um *continuum* com diferentes níveis de intensidade que se estende do sutil, em um extremo, ao arrebatador, no outro.

> *Então é assim? Eu posso ter vivido algo sagrado, mesmo sem saber que poderia ser sagrado? Pra mim, que sou engenheiro, é bem difícil entender isso. Ou é sagrado ou não é sagrado, e ponto. Sagrado ou profano, não é assim?*

O psicólogo e ex-pastor David Elkins, em *Além da Religião,* aponta que o sagrado abraça três fenômenos de intensidades crescentes:

	INTENSIDADES	
BAIXA	MÉDIA	ALTA
Momentos pungentes	Experiências de pico	Encontros místicos
		Eventos culminantes
	Estados alterados de consciência	

Momentos pungentes: são precisamente aquelas preciosas situações do dia a dia que, infelizmente, tantos desprezam devido à vida tão corrida e "plugada" e à falta de atenção ou percepção. No entanto, os auto transcendentes conseguem se envolver em um grau tão elevado com essas situações tão corriqueiras do dia a dia, que ficam verdadeiramente absortos; fora de si. Hoje, todavia, são tantas as pessoas que dispendem mais tempo e energia na dimensão bidimensional da tela plana de seus *smartphones* que mal sobra espaço para "curtirem" o mundo tridimensional real.

Consequência: momentos pungentes abortados.

A vida está repleta de situações que, uma vez percebidas e absorvidas, tornam-se momentos pungentes. Emociono-me profundamente quando me deparo com um carroceiro acompanhado por um bando de vira-latas que ele cuida e alimenta. Ele mal consegue sustentar a si próprio, e mesmo assim trata dos seus amiguinhos peludos, veja só.

Também quando, do nada, desponta um arco-íris após uma chuvarada, fixo meu olhar em suas sete cores tão destacadas que vão desbotando aos poucos, até desaparecerem por completo. Quando olho para o relógio, lá se foi o tempo. Sinal de que estive concentrado; envolvido e fascinado com o que via. Vivenciei uma pequena experiência do sagrado. Um "momento pungente". E agradeço a mais um espetáculo da natureza. Nessas ocasiões, invejo os que já tiveram a oportunidade de contemplar um espetáculo como a aurora boreal!

> **Force a sua memória: que outras experiências que até agora você nem suspeitava poderem ser sagradas você pode ter vivenciado como momentos pungentes?**

Certamente, você vivenciou momentos pungentes de diversas naturezas.

A música é uma dádiva que multiplica inesquecíveis momentos pungentes. A plateia de olhos cerrados, ouvidos atentos acompanhando uma sinfonia em uma monumental sala de concertos. A combinação de hinos religiosos com o interior de uma igreja edulcorada por velas acesas, os fiéis se emocionando com os corais de Natal: vários relatam sentir "a presença de Deus".

Que situações, cenas e experiências deixam a gente sem fôlego, sem palavras, sem sentir o tempo passar? Como a experiência vivida pelo cosmólogo Marcelo Gleiser, que, em sua obra *O Fim da Terra e do Céu,* retrata magistralmente como um eclipse marcou um momento pungente em sua vida.

Vou citar um trecho:

> "Mais ainda, o eclipse deveria ocorrer com o Sol já alto, em torno do meio dia. (...) Quando a Lua já havia coberto metade do disco solar, a luz do dia começou a fraquejar, tornando tudo à nossa volta vago e difuso, como se a própria realidade estivesse prestes a se dissolver diante de nossos olhos. (...). Essa belíssima combinação de luz e trevas me emocionou profundamente, e me vi invadido por um profundo sentimento de reverência. (...) Após a luz azul-metálica nos envolver por completo, fui invadido por uma vaga sensação de terror, ao mesmo

tempo primordial e sublime. Essa luz não vinha deste mundo, mas de um mundo que existe além do tempo".
(O Fim da Terra e do Céu, p. 173, 174).

Caso você tenha dificuldade em vivenciar esses sagrados momentos pungentes, existem recursos que acionam estados de consciência que podem facilitar ou propiciar a eclosão do sagrado. Dança, música, meditação, exercícios de respiração (*Pranayama* hindu), jejum prolongado e a prece são reconhecidos pelo potencial de evocá-los. Por isso é que quase todas as religiões celebram alguma espécie de jejum. Os judeus, no dia sagrado do Yom Kippur; o jejum é um dos cinco pilares do islamismo; monges cristãos jejuam, também hindus e budistas.

Muitas das atividades, sensações e sentimentos essenciais em nossa vida podem ser vivenciados de duas formas bem diferentes, que podem ou não conduzir a momentos pungentes. A do ter/parecer por um lado, oposta ao do ser/experienciar, pelo outro, ambas que estou a tomar emprestado de um de meus autores prediletos, Erich Fromm, em sua obra clássica *Ter ou Ser*. O modo ter ou parecer não costuma conduzir a momentos pungentes, ao passo que o ser ou experienciar facilitam a vivência desse estado. Olhar, no modo ter, em contraponto ao ver no modo ser. Tem muita gente que "olha, mas não vê"; "escuta, mas não ouve".

No modo ter ou parecer, os sentidos captam o ambiente de uma forma mecânica, como se olhos, ouvidos, nariz, boca e pele fossem meros receptores passivos de estímulos.

Já no modo ser ou experenciar, a pessoa capta atentamente e interpreta os estímulos dando-lhes forma e significado, enquanto sentimentos e emoções afloram nesse processo.

O que é ilustrado magistralmente por uma das estrofes de "The Sounds of Silence", uma maravilhosa canção de Simon & Garfunkel:

And in the naked light I saw
Ten thousand people, maybe more
People talking without speaking;
People hearing without listening.

Versão:
"E na luz nua eu vi
Dez mil pessoas, talvez mais
Pessoas falando sem dizer
Pessoas ouvindo sem escutar".

> **Agora, que tal um exercício para ajudá-lo a compreender essa dicotomia ter/ser? Pois sente-se confortavelmente e relaxe. Feche os olhos e pelos próximos 30 segundos mentalize como quiser uma árvore. São 30 segundos mesmo!**
> **Passados os tais 30 segundos, descreva os predicados dessa mentalizada árvore.**

Veja só quais foram algumas das descrições de árvores imaginadas por meus alunos:
— Pelada no inverno americano ou europeu, coberta de neve.
— Tronco robusto, copa bem cheia de folhas verde-escuro.
— Uma palmeira.
— Frutífera... tem frutinhos vermelhos.
— A que mentalizei possui uma planta enroscada no tronco desde a raiz, assim como uma trepadeira.
— Um coqueiro.
— Um pinheiro de Natal.
— Uma árvore toda florida: um ipê-amarelo.

Veja só: a maioria das pessoas costuma descrever a árvore com base em sua aparência! E o que isso significa?

Atente que nessa mentalização de árvore não sobra espaço para sombra, aromas (como dos eucaliptos após um aguaceiro) e o barulho das folhas ao vento, provavelmente porque nossa sociedade é predominantemente visual. Infelizmente, caracteriza-se pelo uso limitado dos sentidos, focando majoritariamente a visão e até mesmo negligenciando os demais, que desempenham um papel relevante em nossa interação com o meio ambiente. Naquele modo de sintonizar o ambiente, não só a visão é realçada: todos os sentidos se tornam mais aguçados. Note que eu não solicitei que imaginasse a árvore apenas visualmente, mas de fato mentalizasse a árvore escolhida. Mentalizar algo significa introjetar algo na mente com todos — eu disse todos — os seus predicados.

Pois aí está mais um exemplo de como abortamos tantas possibilidades de vivenciar situações — até corriqueiras — de forma mais intensa. Até parece que a pressão do meio ambiente castra nossos voos de percepção e imaginação.

Vejamos (olha aí novamente a visão!) agora o segundo modo de experienciar o sagrado: as "experiências de pico" ou "eventos culminantes", que conduzem aos "estados alterados de consciência".

Tais estados mentais foram o alvo de exaustivos estudos por Abraham Maslow e deram origem a uma profunda obra intitulada *Religions, values and peak experiences*, sem tradução para o português.

Caracterizados por uma sensação de plenitude, fusão com o universo e extrapolação do próprio "eu", são mais longos, intensos e duradouros, e seu impacto é mais profundo, podendo gerar decisões importantes e mudanças na vida. Pertencem a um quadro bastante incomum, privilégio de poucos ungidos que tiveram a oportunidade de vivenciá-las. Abençoados mesmo, se a experiência tiver sido positiva. Porém, ressalto que as experiências de pico também podem ser bem penosas. Intensas, porém penosas.

Uma Experiência de Quase Morte (EQM), por exemplo, deixa marcas indeléveis que modificam para sempre a vida das pessoas. Para aprofundar-se no assunto, recomendo ler *A roda da vida*, da psiquiatra austríaca Elizabeth Kübler-Ross, *A vida depois da vida*, de Raymond A. Moody Jr, e *Uma prova do céu,* do neurocirurgião Eben Alexander III.

O filme *Além da vida,* dirigido por Clint Eastwood, é um dos poucos que discute o fenômeno, ao menos em parte. Ambientado na França, envolve três narrativas independentes que acabam por se cruzar. A EQM ocorre na história que envolve a jornalista Marie Lelay, âncora de um noticiário na TV, que de férias na Tailândia é vítima do *tsunami* de dezembro de 2004 e quase morre. Ou melhor, realmente passa por uma EQM, mas "retorna à vida". De volta à sua rotina de jornalista, ela sente que sua vida passou a ter outro sentido e resolve pesquisar e escrever uma obra a respeito das pessoas que relataram uma experiência como a dela, sendo desencorajada pelos editores. Ainda assim, prossegue tenazmente até encontrar a médica e estudiosa do tema, Cláudia Rousseau, de cujo encontro compartilho o seguinte diálogo:

ML: — Preciso mesmo conversar com você sobre a visão que tive. Foi uma sensação de muita serenidade. Tudo estava quieto. Escuridão por toda parte. E uma luz chamava a minha atenção, e eu estava ouvindo o som de uma brisa suave.

CR: — Uma sensação de antigravidade?

ML: — Sim.

CR: — Tinha visão de 360°? Nenhuma noção de tempo ou movimento linear?

ML: — Sim.

CR: — Mas onisciente e onipresente?

ML: — Exatamente.

CR: — Sabe, sendo cientista e ateia, eu vivia fechada para essas coisas. Totalmente. Para outra vida. Como todo mundo, eu pensava que as pessoas viam luzes brilhantes, Jardins do Éden etc. porque estavam culturalmente condicionadas a ver. Mas depois de vinte e cinco anos em um hospital para doentes terminais, trabalhando com muitas pessoas que foram dadas como mortas, mas sobreviveram milagrosamente, os relatos do que vivenciaram eram tão incrivelmente parecidos, que não podiam ser apenas coincidência. Além do mais, quando tiveram essas experiências, estavam quase todas inconscientes e, nesse estado, todos concordam, o cérebro não cria imagens novas.

ML: — Então, acha mesmo que vivenciei algo?

CR: — Sim. Você teve uma EQM.

O filme é maravilhoso; recomendo-o enfaticamente aos que se interessam por temas que envolvem a confluência da ciência e da religião, como as EQMs e a mediunidade.

Estados alterados de consciência também são gerados nas experiências com certas drogas alucinógenas. Um relato detalhado das experiências com drogas pode ser lido na obra *As portas da percepção,* de Aldous Huxley, que descreve suas próprias viagens interiores após consumir três drogas alucinógenas: mescalina, extraída de um cacto denominado peiote, a psilocibina, um alucinógeno derivado de cogumelos, e finalmente o LSD, ou dietilamida do ácido lisérgico. Também uma droga deveras comentada é a *Ayahuasca,* uma infusão consumida nos rituais da seita do Santo Daime, obtida a partir de ervas encontradas na Amazônia. Sabe-se que ela ativa uma região do cérebro conectada à visão, o que talvez explique os relatos de imagens de cunho espiritual, provavelmente alucinações.

Além das drogas, as chamadas regressões a vidas passadas (se existirem, de fato, e não forem mera alucinação) podem conduzir a experiências tão profundas que chegam a provocar mudanças drásticas de vida. Afinal, recordar-se de fatos marcantes de outras vidas pode alterar radicalmente o rumo desta encarnação. Como também a recordação de eventos traumáticos pode até ser um condutor de curas ou ao menos alívio. Recordo-me bem de um aluno que comentara em aula o caso de uma amiga que em uma dessas seções da terapia de vidas passadas diz ter regredido até à época da Revolução Francesa, quando se viu como um dos revolucionários contra Maria Antonieta. Ela recorda de haver sido ferida no pescoço, e o fato é que, a partir dessa lembrança, desapareceu sua crônica dor na nuca, dor que lhe dificultava mover o pescoço para cima e para os lados.

> *Mas imagino que ela também poderia ter ficado boa por autossugestão, assim uma espécie de auto-hipnose. E tem mais: puxa vida, não me recordo de ninguém que tenha passado pela tal da terapia de vidas passadas e que tenha se lembrado de haver sido um simples serviçal, um "Zé-anônimo" qualquer. É sempre alguém famoso ou que conhecia ou trabalhava com alguém famoso. En-ga-na-ção!*

Friso que o depoimento daquela moça merece uma reflexão.

Se com a tal da regressão desapareceu sua dor na nuca tipo torcicolo, pergunto: não é exatamente isso que importa? Ela de fato regrediu ao passado? Não sabemos, e talvez não saibamos jamais. Todavia, o "fato de fato" é que ela saiu de lá sem aquela dor crônica, que não voltou mais decorridos lustros daquela seção de regressão.

Curada. Será mesmo?

Mas que resolveu, resolveu!

E agora, nossa última imersão no sagrado: os chamados "encontros místicos", ou sagrado de alta intensidade.

São acontecimentos limítrofes, que marcam definitivamente a transição de um modo de vida para outro: as formas mais intensas de experenciar o sagrado.

Moisés, a sarça ardente e as tábuas da Lei;

A conversão do apóstolo Saulo (Paulo);

A visão do imperador romano Constantino *(In hoc signo vinces* — sob este signo vencerás), que o levaram a se converter ao cristianismo e declará-lo religião oficial do Império romano;

A iluminação de Sidarta Gautama (o Buda);

A revelação do Corão a Maomé pelo anjo Gabriel;

O batismo de Jesus.

São precisamente esses encontros místicos que fazem jus àquela definição clássica do sagrado, que penso ser oportuna repetir agora:

> "O Sagrado advém de uma potência ou força sobrenatural, conectada ao Transcendente, que impregna seres animados ou inanimados. Tal

força sobrenatural pode ser inerente ou atribuída, benéfica ou até mesmo maléfica. Distingue tais seres de todos os outros, provocando uma cisão entre o mundo natural e o espiritual".

Metáforas para o sagrado

O sagrado é profundo, intuído e difícil de ser definido por palavras, pois estas não dão conta de explicá-lo. É o inefável; uma "embriaguez sensorial" que só pode ser expresso por linguagem metafórica ou simbólica.Então, aí está um belo desafio: como descrever ou representar o sagrado?

> **Como você representaria o sagrado por meio de uma imagem, um desenho, uma pintura, uma colagem, um poema, uma escultura, uma fotografia ou até uma melodia?**

Para mim, é como tingir a vida com as exuberantes cores do outono de Vermont, na costa leste americana ou de Quebec, no Canadá; uma pintura impressionista e impressionante. Ou então um vórtice, que é a minha metáfora predileta para representar o sagrado. Um vórtice é o resultado de movimentos circulares ao redor de um centro de rotação que são encontrados em diversos fenômenos da natureza, como correntes circulares de água, furacões e tornados.

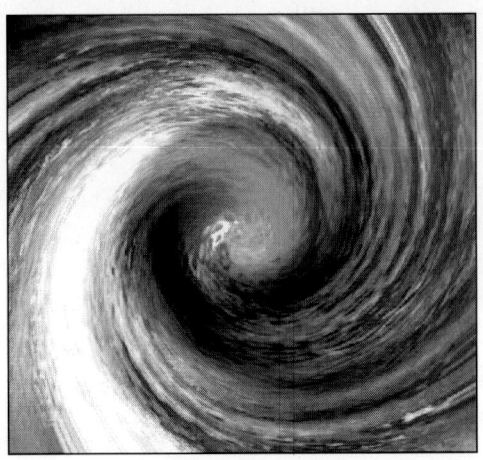

A vivência do sagrado é uma das experiências mais ricas que podemos ter.
Pena que nossa vida agitada, corrida e estressada impeça a muitos de ter contato com essa vivência tão impactante, única e marcante.
Quem consegue experienciar o sagrado, quer dizer, vivenciar situações comuns de uma forma extraordinária, "sonoriza" sua vida e a tinge com tons vívidos.

Vivenciar o sagrado é bem mais do que se deixar tocar pelas pessoas, coisas, lugares e até ideias. É tentar absorver tudo isso, vibrar intensamente com os sentimentos, deixar-se enlevar.

> *Lembra o transcendente, não é mesmo?*

Sagrado e transcendente, entrelaçados.
Transcendente e sagrado.
Em uma época em que se procura a origem genética de quase tudo — das doenças ao comportamento — não poderia faltar a defesa de uma base genética da espiritualidade e da religião.

Há cientistas que procuram provar que a espiritualidade (bem como a necessidade de cultuar uma força maior) está estampada em nossos genes, que ainda alguns defendem a existência de um "ponto de Deus" no cérebro. Em 2004, o geneticista americano Dean Hamer anunciara com estardalhaço sua descoberta do gene VMAT2, que ele cunhou o gene de Deus (nada a ver com a tal da partícula de Deus, também usada para nomear o Bóson de Higgs). Esse conjunto de genes interfere na liberação-captação dos neurotransmissores dopamina e serotonina, ligados ao humor e prazer, respectivamente. Sua ação é claramente sentida na meditação profunda, que altera os estados de consciência, produzindo um estado em que se pode perder a noção de individualidade, espaço e tempo e guarda certa semelhança com o experimento do capacete de Deus. Tal estado transcendente provocado pela meditação profunda escancara os portais para uma espécie de amálgama com algo maior, bem maior do que nós: costumamos chamá-lo Deus, o que denomino "Fonte Transcendente de Energia".

CAPÍTULO 8

A FONTE TRANSCENDENTE DE ENERGIA

> *"Quem conhece Deus não o descreve; quem descreve Deus, não o conhece"*
> (Paulo Coelho, em *O Aleph*, 2010)

Deus existe?
Ou não existe?
Não temos certeza?
Porém, dá para saber? Ou sentir? Intuir? Acreditar pela fé? Provar pela ciência?

Karen Armstrong, uma das mais respeitadas teólogas contemporâneas, entrevistada pelo periódico gaúcho *Zero Hora*, caderno Cultura, p. 2, de 4 de maio de 2013, relatava:

> "Tomás de Aquino e Maimônides ficariam horrorizados ao ouvir a maneira simplista como falamos de Deus hoje em dia. No passado, as pessoas entenderam que o que chamamos Deus está fora do alcance do discurso e dos conceitos, mas hoje temos a tendência a domesticar a transcendência, e nossa ideia de Deus é muitas vezes simplista — até mesmo primitiva."

Você acredita em Deus? Em caso afirmativo, ilustre em algumas palavras como Ele seria.

Terá sido Deus inventado e criado pelo homem ou talvez percebido, sentido, intuído pelo homem?

> *Eu não consigo acreditar em um Deus que certamente foi criado pelo homem. Pra mim, o homem criou Deus à sua imagem e semelhança...*

Pois é: acreditar ou não acreditar em Deus. E sobretudo, a que Deus estou a me referir? Cada um dos bilhões de habitantes deste planeta que menciona Deus provavelmente se refere a um deus diverso do deus dos outros.

Daí "concebo" Deus como D.E.U.S.

Deslumbrante Energia Universal Superior.

Ponto.

A Deslumbrante Energia Universal Superior que imagino ser venerada sob três formas distintas, de acordo com a crença pessoal de cada um daqueles bilhões de seres humanos:

— D.E.U.S. na forma de um só Criador, que é o Deus das religiões abraâmicas: judaísmo, cristianismo e islamismo.

— D.E.U.S. na forma de várias divindades "pessoais" ou não.

—D.E.U.S. na forma de uma energia cósmica "impessoal" que (ainda) não compreendemos, talvez até mesmo os reflexos originais do Big Bang de mais de treze bilhões de anos que ainda ecoam em nós. Quando for me referir aos que creem nesse D.E.U.S. como energia cósmica, em contraste com o Criador ou divindades, direi Energia Cósmica Original de D.E.U.S., ou simplesmente o "E.C.O. de D.E.U.S.".

Dito isso, ressalto que doravante Deus será por mim grafado sempre como D.E.U.S. — as iniciais dessa Deslumbrante Energia Universal Superior — para me referir indistintamente a essa Força Maior, Energia Maior, Energia Suprema: a Fonte de Tudo. Escreverei Criador para me referir especificamente ao D.E.U.S. das religiões abraâmicas.

Mas afinal, por que será que tanta gente acredita em D.E.U.S.? Veja só: números apontam que mais de 90% de habitantes da Terra creem em alguma forma de divindade pessoal.

Penso que a crença em D.E.U.S. é deflagrada por cinco principais motivos, isolados ou em conjunto. Cada qual revestido de sua própria relevância, segundo a crença no Criador, em divindades "pessoais" ou no E.C.O. de D.E.U.S. São os cinco "emes":

Morte: o que vem depois?

Medo: a soma de todos os medos.

Mandamentos e moral: um guia de conduta supra-humano emanado do Criador: Moisés, as tábuas da Lei e os Dez Mandamentos, o Alcorão.

Mistério: a criação do universo e de nós mesmos.

Mental: de origem eminentemente biológica. A suposição da existência de conexões neurais responsáveis pela fé e sentimento espiritual e religioso que acompanhou a evolução da espécie humana.

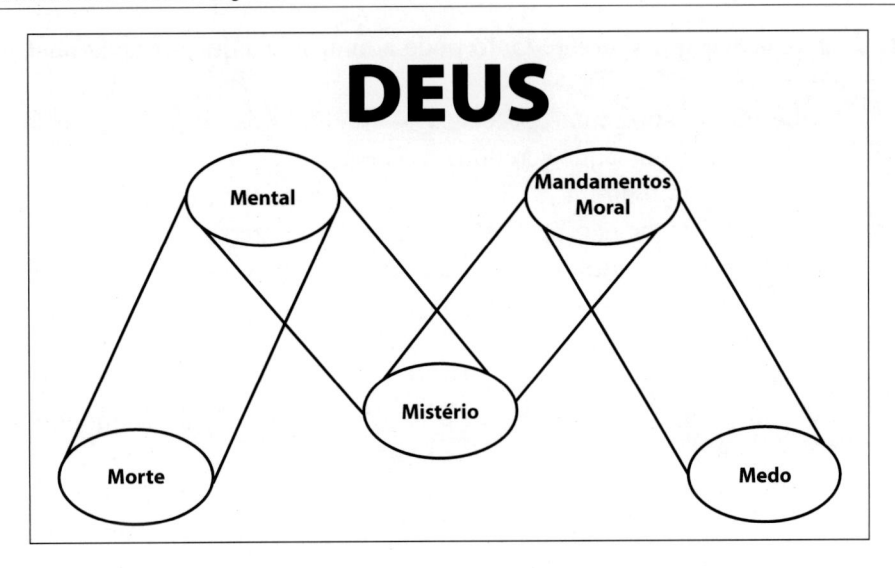

```
              DEUS
        ╱╲          ╱╲
    ( Mental )  (Mandamentos)
                  ( Moral  )
         ╲    ╱╲    ╱
          (Mistério)
         ╱          ╲
    ( Morte )    ( Medo )
```

D.E.U.S.: os seis contingentes de crentes

Observo que as pessoas acreditam em D.E.U.S., seja ele o Criador, sejam divindades ou o E.C.O. de D.E.U.S., de sete diferentes modos:

Principio com a massa dos que creem que o universo foi gerado pelo Criador ou mais de uma divindade pessoal poderosa, todas superiores a nós, que interferiram ou interferem na Terra, no universo e em nossas vidas. Talvez ainda hoje estejam lá no alto, no "céu", observando a tudo e a todos para nos amparar, consolar, orientar, proteger e salvar, punir ou premiar e quem sabe até atender às nossas preces. Denominam-se teístas (do grego *théos*, Deus), sejam monoteístas ou politeístas, e são regidos pela religião.

Monoteístas são os teístas que creem em uma única divindade onipresente, onipotente e onisciente — o Criador — que as três grandes religiões do Ocidente batizaram cada qual com um nome próprio diferente. Os judeus chamam de Adonai (e mais outros 71 nomes), os cristãos, de Deus, e os muçulmanos, de Alah. Judeus, cristãos e muçulmanos cultuam o mesmo Criador, precisamente o mesmo, só com nomes diferentes. Mas quantas guerras e quanta violência foi e ainda é praticada em nome do Criador, desse Deus único com vários nomes? É algo tão absurdo quanto uma garota mudar seu nome de Ana Rosa para Ana Maria, e sua mãe não mais reconhecê-la e até expulsá-la de casa.

Fazendo par com os monoteístas, os politeístas — do grego *polis* (muitos) e *theos* (deus) — acreditam em múltiplos deuses, cada qual com funções e responsabilidades distintas. Tais divindades interferem no mundo material e humano, sendo que o crente tanto pode adorar todas quanto pode apenas adorar a um conjunto delas.

Acabo de lhe apresentar os teístas — monoteístas ou politeístas — o primeiro dos sete grupos que acredita em D.E.U.S.

Os deístas configuram o segundo grupo dos crentes em D.E.U.S. Concebem um Criador não pessoal que gerou o universo, que agora é regido somente por leis naturais, mesmo porque Ele não mais intervém, nem responde a preces. Os deístas postulam que o Criador só se revela através da ciência ou das leis da natureza, sendo a razão a única via que possa provar sua existência.

O terceiro grupo dos crentes em D.E.U.S. é uma vertente do monoteísmo. São os seguidores da teoria do *Design* Inteligente, uma espécie de simbiose de biologia e teologia voltada à justificativa da existência do Criador. Seus defensores rejeitam a teoria da seleção natural, que por si própria seria incapaz de gerar seres vivos a partir de matéria inanimada e, ainda menos, seres vivos altamente complexos: portanto, a evolução não seria randômica. É nesse contexto que os adeptos do *Design* Inteligente concluem que deve haver uma Inteligência Superior ou até mesmo um alienígena que tenha projetado as diversas formas de vida na Terra.

> *Um alien! Isso me lembra o livro* Eram os deuses astronautas, *aquele do Erich von Däniken, né? Lembro-me mesmo que ele defendia a tese de que os deuses de antigamente poderiam é ter sido astronautas. Nas pinturas antigas que representavam deuses, ele via alienígenas e suas naves.*

É evidente que nós humanos poderíamos mesmo descender de extraterrestres. Mas mesmo assim ainda permaneceria em aberto a questão: "Quem criou os extraterrestres?".

Hemoteismo ou monolatria compõe o quarto grupo dos crentes em D.E.U.S. É precisamente um meio-termo entre monoteísmo e politeísmo, pois venera um Criador paralelo à existência de outros deuses, o que é bem exemplificado pelo hinduísmo.

Já o quinto grupo confia apenas nas forças conhecidas da natureza, sem nada mais que interfira. Para esses, inexiste o Criador e as divindades. São os panteístas, do grego *pan* (tudo) e *theos* (deus), que acreditam em uma

Energia Superior (a que denominei E.C.O. de D.E.U.S) que permeia o cosmos, o universo, a natureza e a todos, sendo a manifestação de tudo o que existe. Cada coisa ou ser, do infinitamente minúsculo ao infinitamente gigante, é uma parte dessa Energia Superior — E.C.O. de D.E.U.S., — inteiramente presente em cada partícula que compõe o universo.

> *E eu que sempre pensei que panteísmo e politeísmo fossem a mesma coisa. Aliás, imagino que não só eu. Eu e muita gente...*

Penso que exista um sexto grupo que muito se assemelha ao panteísmo, com uma sutil diferença: acreditam que chegará o dia em que essa Energia Superior (o E.C.O. de D.E.U.S.) poderá ser reconhecida e acionada para nosso auxílio e proteção e, consequentemente, vir a interferir aqui na Terra e quiçá em nossa vida.

Algumas crenças em D.E.U.S. eram mais comuns em tempos passados e ainda hoje em sociedades tidas como primitivas. Fechando os sete grupos, o animismo prega que a natureza é povoada por espíritos e elementares como duendes, gnomos, fadas e sereias, entre outros. Aqueles povos rezam para agradecer pelas colheitas, pela chuva, pela caça e rogam proteção justamente contra os fenômenos da natureza, como tempestades, enchentes, raios, incêndios e pragas.

Tais são os sete grupos que acreditam em "algo além" do mapeado pela ciência, seja o Criador, divindades ou o E.C.O. de D.E.U.S.

Agnósticos e ateus

> *Por que dois nomes diferentes para a mesma coisa? Agnóstico não é sinônimo de ateu?*

Muita gente confunde ateus com agnósticos. Porém, o agnóstico, bem mais do que não acreditar em coisa alguma, confessa-se impotente para compreender algo tão maior, superior e mesmo infinito quanto D.E.U.S. Agnósticos, do grego *gnose,* conhecimento, daí agnose, é um termo que foi criado em 1869 pelo biólogo inglês Thomas Huxley, para quem soava ser completamente impossível ao indivíduo apreender as dimensões sobrenaturais de D.E.U.S. (imagino que ele estivesse se referindo ao Criador), e deveria ser perenemente inviável superar tal ignorância. Os agnósticos compõem um grupo à parte, e são também chamados de céticos, com o sentido de "nem sim nem não", não sei, não conheço, e por eu ser humano e limitado, jamais terei estrutura para saber.

Já os ateus, bem, há ateus e ateus.

> Ser ateu é como não colecionar selos. É possível ser um 'não colecionador de selos' militante? Basta não colecionar selos (C. Grayling, filósofo britânico, em Época 9/9 2013, p. 58)

No extremo do "espectro do ateísmo", situo os ateus cem por cento materialistas que não acreditam em divindades ou no Criador e rejeitam qualquer energia cósmica desconhecida, pois confiam tão somente no já provado pela ciência. Todavia, no extremo oposto desse espectro, localizo ateus que até podem ser adeptos do panteísmo, sem o saber, pois não se restringem ao materialismo, sendo mais flexíveis e abertos para o E.C.O. de D.E.U.S. Ressalto que menos de cinco por cento dos maiores cientistas americanos — aqueles membros da National Academy of Sciences — acreditam no Criador. Um percentual semelhante à média de 4 a 5% de ateus na população geral do planeta. No Brasil, em 2010, os ateus compunham 7,9% da população, percentual que cresceu para 8,9% quatro anos depois. Para esses, existe o Universo originado pelo Big Bang há aproximadamente 14 bilhões de anos, bem como nós humanos, que surgimos espontaneamente há uns 4 milhões de anos. Talvez exista até mais do que apenas um universo: quem sabe outros universos, "multiversos", mas não a mão de um Criador que os gerou.

Mas não é verdade que os religiosos são mesmo mais altruístas que os ateus? Não me lembro de nenhum ateu bondoso famoso comentado pela mídia, meio que assim como tantas menções à Madre Tereza, por exemplo!

Bem sei que muitos fazem cara feia para os ateus ao considerá-los menos altruístas que os adeptos das religiões, o que absolutamente não é verdade. Pois não seria mais moral, mais significativo ajudar os necessitados tomado por suas próprias crenças, do que por acreditar que é o Criador que assim o deseja, o qual irá recompensá-lo pelos bons atos e puni-lo pelos maus? Nesta vida ou até no pós-morte?

"O macaco e o teclado". Ou "a explosão na tipografia"?

Você aprendeu que há sete contingentes de crentes em D.E.U.S., seja no Criador, em divindades ou no E.C.O. de D.E.U.S.

Como também há agnósticos e ateus.

Haveria um grupo que teria mais "razão" do que os outros? Para concluir esta discussão, aponto para duas metáforas literalmente opostas, cada qual justificando brilhantemente a existência ou inexistência do Criador. Trago as metáforas apenas para o Criador, pois é Nele que creem mais de três bilhões de humanos.

Quem deseja embasar a existência do Criador, escolhe a metáfora "O dicionário e a tipografia", do pensador Benjamim Franklin (1706 – 1790):

"Achar que o mundo não tem um Criador é o mesmo que afirmar que um dicionário é o resultado de uma explosão numa tipografia".

Já quem dispensa um Criador para o universo, cujas maravilhas podem, de fato, ser obra do aleatório, pode lançar mão do "teorema do macaco":

"Um macaco colocado diante de um teclado de computador e que permanecesse digitando aleatoriamente suas teclas por toda a eternidade acabaria por escrever a obra completa de Shakespeare" (Thomas Huxley, biólogo inglês, 1825-1895).

Os dois opostos, mas igualmente possíveis e sensatos. Igualzinho àqueles provérbios!

Por isso, penso que a discussão acerca da existência ou não do Criador transcende as fronteiras da razão e pertence integralmente às esferas da intuição, da crença e da fé. E só poderia ser expressa por um:

"Eu sinto (ou creio) que o Criador existe".

Ou, por que não, seu oposto: "Eu sinto (ou creio) que o Criador inexiste".

Pois bem, então. Pode haver um Criador ou divindades que ainda interferem em nossa vida e até respondem a preces. E será que também planejaram nossa vida? Desenharam nosso destino?

Determinismo versus aleatório

Acontecimentos marcantes em nossa existência, bons ou maus, costumam ser lidos como um simples entrelaçamento de acasos ou devem ser interpretados como o determinismo do "nada é por acaso"? Uma cadeia de eventos conectados pelo aleatório ou pelo destino? Como interpretar as tantas coincidências que permeiam nossa vida?

Destino como sinônimo de determinismo: "O acaso é a sombra de Deus", sinônimo de: "As coincidências são a forma de Deus permanecer anônimo", ambos pensamentos de Albert Einstein. Determinismo que se contrapõe ao acaso, sinônimo de aleatório.

Mais dois opostos viáveis e sensatos, novamente como os provérbios!

Mas lembro que os eventos costumam ser deflagrados por decisões que nós mesmos tomamos. Quem rege nossa vida? Cada um de nós, pelo livre arbítrio? Um destino pré-traçado pelo Criador ou divindades? Ou talvez até mesmo um destino pré-traçado pela "confluência dos astros", que denominei o E.C.O. de D.E.U.S.?

> **É bem provável que você já tenha refletido sobre a questão de a vida ser regida pelo destino ou então que tudo não passa de obra do acaso. Pois então: qual sua crença a respeito?**

Sua vida, minha vida, a vida de todos nós regida pelo aleatório ou determinismo, que é precisamente o apaixonante tema do filme *Presságio*, do qual destaquei dois diálogos.

Presságio é um filme apaixonante cujo enredo envolve precisamente essa antinomia entre o determinismo e o aleatório: a vida ser regida pelo destino ou simplesmente ser o fruto da interconexão casual de acontecimentos.

John Koestler, personificado por Nicolas Cage, é um professor de Astrofísica às voltas com um conflito de ordem pessoal precisamente acerca da crença no determinismo ou no aleatório, deflagrada após a morte trágica de sua mulher. Um belo dia descobre em casa uma carta criptografada recebida por seu filho em um sorteio na escola elementar onde ele estuda, escrita há cinquenta anos por uma criança que frequentava a mesma escola. A vida do professor Koestler dá uma guinada quando, ao examinar a carta inteiramente preenchida com centenas de dígitos aparentemente sem sentido, faz uma descoberta aterradora: os números traduzem as datas de tragédias e seus mortos nos últimos cinquenta anos: determinismo com precisão científica? Ou uma enorme, gigantesca, ciclópica coincidência?

Compartilho com você dois trechos que bem ilustram essa dicotomia:

Cena 1
Professor:
— Vamos propor um tópico para que achem o rumo certo para sua monografia. O tema é o aspecto aleatório *versus* o determinismo no universo. Quem quer falar? Jéssica?
Jéssica:
— O determinismo diz que as ocorrências na natureza são determinadas por eventos precedentes ou leis naturais. Que tudo o que levou até aqui aconteceu por uma razão.
Professor:
— Exato. É o que o determinismo diz.
O professor apanha uma esfera que representa o Sol e arremessa a um aluno. Após algumas indagações sobre a composição do astro, acrescenta:
— E agora quero que pensem sobre o conjunto perfeito de circunstâncias que coloca esta bola celestial de fogo exatamente na distância correta do nosso pequeno planeta azul para a vida florescer. É um belo conceito, não é? Tudo tem um propósito, uma ordem... é determinado. Mas então há o outro lado do argumento. A teoria do caráter aleatório, que diz que tudo é simplesmente uma coincidência. O fato de existirmos não é nada senão o resultado de uma complexa, mas inevitável cadeia de acidentes químicos e mutações biológicas. Não há um significado maior. Não há um objetivo.
Aluna:
— E o senhor, professor Koestler, no que acredita?
Professor:
— Acho que as coisas simplesmente acontecem. Mas é só o que eu acho.
— No ano passado, minha esposa viajou a negócios até Phoenix, poucos dias antes do meu aniversário. Um incêndio começou no hotel dela às 4 da manhã. Segundo os investigadores, ela morreu por inalação de fumaça. Morreu dormindo. Não se deu conta do que estava acontecendo. Enquanto ela estava morrendo, eu estava em casa, no jardim. Sempre achei que a gente pressentia quando entes queridos correm perigo, mas... eu não senti nada. Nada. Eu estava tirando folhas do gramado. O fato é que, naquele dia, eu decidi que ninguém sabe o que vai acontecer e que a vida é uma sequência de acidentes e erros aleatórios. Então, eu recebi a lista. Se a tivesse antes de Allison partir, eu teria salvado a vida dela.

> *Você sabe que até agora eu nunca tinha pensado nisso ou ao menos refletido de verdade? Acontecimentos que marcaram minha vida como resultado do simples acaso ou quem sabe já estava programado? Mas a minha formação de engenheiro ainda prevalece: a lei das probabilidades dá conta de explicar todos esses fenômenos, pois acho que tudo é mesmo uma sucessão de acasos e que a maioria das pessoas deseja enxergar ordem e sentido onde só existe mesmo o aleatório.*

O fato é que até hoje não sabemos discernir entre determinismo e acaso, e talvez jamais venhamos a saber.

Por exemplo: o que vem a ser uma tragédia, se não o derradeiro elo de uma teia de eventos? Cadeia de eventos tal que cada elo por si só é impotente para deflagrar o desastre, mas a conexão entre eles pode parecer costurada para ser.... fatal.

E aí indago: tal cadeia de eventos resulta do entrelaçamento de vários acasos ou estará mesmo programada para produzir precisamente o desenlace fatal?

Atente para o trecho extraído de outro filme formidável, *O estranho caso de Benjamim Button*. O filme é uma adaptação do conto homônimo de F. Scott Fitzgerald, escrito na década de 1920. Narra a história de Benjamim Button, interpretado por Brad Pitt, que nasce em 1918 em New Orleans com uma bizarra aparência e enfermidades de um velho de cerca de 80 anos. Tido como monstro, é abandonado às portas de um orfanato, onde é adotado. O surpreendente é que à medida que o tempo avança, Benjamim vai rejuvenescendo, e o filme trata justamente dos encontros e desencontros dessa invulgar personagem. O trecho condensa uma sucessão de cenas com várias personagens que não se conhecem, mas cujas ações "perfeitamente" entrelaçadas provocam um dado e específico resultado desagradável: o sério atropelamento da bailarina Daisy. Se qualquer das atitudes de qualquer um daqueles personagens tivesse sido adiada em, digamos, uma dezena de segundos, o desfecho (destino?) poderia ter sido totalmente outro.

Transcrevo o áudio que narrou essa formidável sequência extraída do filme:

Às vezes, nós estamos numa rota de colisão e nem sequer sabemos. Seja sem querer ou de propósito, não há nada que possamos fazer.

Uma mulher em Paris estava indo fazer compras. Mas tinha esquecido o casaco e voltou para pegá-lo. Quando ela voltou, o telefone tocou. Ela parou para atender e falou por alguns minutos.

Quando ela estava falando, Daisy estava ensaiando para um espetáculo no Teatro Ópera de Paris.

Enquanto ela ensaiava, a mulher, que havia desligado, tinha saído para chamar um táxi.

Um passageiro tinha saltado e o motorista parou para tomar café.

Enquanto isso, Daisy estava ensaiando.

E o motorista, que tinha deixado o passageiro, e tinha parado para um café, pegou a moça, que tinha ido fazer compras e perdido o táxi anterior.

O táxi parou para um homem atravessar a rua.

Ele tinha saído cinco minutos mais tarde que de costume, pois não tinha posto o despertador.

Enquanto o homem, atrasado, atravessava a rua, Daisy tinha acabado de ensaiar e estava tomando uma ducha.

E enquanto Daisy tomava a ducha, o táxi esperava a mulher pegar na loja um pacote que não estava embrulhado porque a moça encarregada havia brigado com o namorado na noite anterior e havia esquecido.

Quando a mulher, com o pacote embrulhado, voltou para o táxi, um caminhão o havia bloqueado.

Enquanto isso, Daisy estava se vestindo.

O caminhão foi embora e o táxi pode andar, enquanto Daisy, a última a se vestir, esperava uma amiga que tinha arrebentado o cadarço.

Enquanto o táxi esperava o sinal abrir, Daisy e sua amiga saíram pelos fundos do teatro.

E se só uma coisa tivesse acontecido de forma diferente...

O cadarço não tivesse arrebentado...

Ou o caminhão tivesse saído um pouco antes...

Ou o pacote já estivesse pronto...

Pois a garota não teria brigado com o namorado...

Ou o homem tivesse levantado cinco minutos mais cedo...

Ou o taxista não tivesse parado para tomar café...

Ou a mulher tivesse lembrado do casaco e tomasse um táxi anterior...

Daisy e a amiga teriam atravessado a rua...

E o táxi teria passado por elas.

E Daisy não teria sofrido o terrível acidente".

Agora, faça uma breve reflexão: imagine situações corriqueiras do seu dia a dia que poderiam ter se transformado facilmente em desastres. Em situações-limite das quais você escapou apenas porque a confluência de inúmeros fatores "conspirou" a seu favor. Para "salvá-lo" até mesmo no derradeiro instante.

E, está claro, existe o seu oposto: quantos indivíduos com tetraplegia causada por balas perdidas simplesmente estavam no lugar errado no momento errado'? E mais: quantos de nós já saímos de casa para logo em seguida lembrar que esquecemos algo? Retornamos para apanhar o objeto e a vida segue. Segue? Já não mais na mesma toada: aqueles minutinhos a mais modificaram o cenário, descortinaram outro panorama. Outras pessoas cruzaram conosco, o sinal ficou vermelho, pegamos o metrô seguinte, indivíduos diferentes daqueles da composição anterior sentaram ao nosso lado, puxamos conversa com alguém interessante...

> *Deve acontecer com muita gente, né? Comigo é o tempo todo. Aliás, como eu tenho um comecinho de TOC, assim que tranco a porta de casa, volto pra ver se apaguei todas a luzes, desliguei o gás e se fechei mesmo as janelas. Se deixei água pro cachorro. Se, se, se... Pois então: esses minutinhos de atraso podem mesmo é fazer toda a diferença. Meu dia já pode ser outro...*

No entanto, provoco: como conciliar a autodeterminação do ser humano com o determinismo? Isto é: se grande parte dos eventos relevantes de nossa vida já estão "agendados", que espaço sobra para o livre-arbítrio?

O livre-arbítrio é o elo final da autoconsciência e autodeterminação e é precisamente a capacidade de o ser humano fazer escolhas que acabam por definir sua jornada aqui na Terra. Por conseguinte, somos plenamente livres para tomar decisões para o bem ou para o mal, para o prazer ou para a dor, para o certo ou para o errado.

Ou não somos?

Pois podemos ser vítimas do autoengano: julgamos que somos totalmente livres, mas talvez sejamos programados por um *software* mental pré--instalado que nos manipula como marionetes para fazermos tudo o que fazemos em seus mínimos detalhes. Alguns experimentos em neurociências apontam para algo extraordinário. Que nossas decisões — desde as mais simples, como tomar ou não um café, até as mais complexas, como migrar de país — já estariam traçadas em nossa mente antes mesmo de tomarmos consciência delas. Traduzindo: nosso inconsciente escolheria por nós uma direção e então notificaria nossa consciência do rumo a seguir! É assim quase como se realmente existisse um *software* pré-instalado ainda não mapeado em algum circuito cerebral: uma espécie de homúnculo primordial que nos dirige sem que a gente perceba.

Todavia, existe ainda uma terceira vertente: não somos programados trilhando um destino nos mínimos detalhes, tampouco temos total livre-arbítrio. Quem sabe seja então uma autodeterminação limitada, quiçá engessada pelo destino? Faz mais sentido? Por conseguinte, somos parcialmente livres para sentir, pensar e agir, enquanto os grandes marcos da vida já estão traçados.

Só que aí pergunto: quem ou o que teria programado esses eventos marcantes?

> *Para a grande maioria das pessoas, seria então o Criador. Ele não só fez o mundo, como também interfere quando quer.*

Pois então: penso em três hipóteses para os grandes marcos da vida.

A primeira delas é que o Criador fez o universo, interfere em nossa existência, talvez até atenda a preces. Ademais, pode ter um plano para nossa vida, que nós aqui na Terra denominamos destino.

A segunda hipótese é que os grandes marcos são fruto direto da nossa vida anterior. É a "lei do carma" do budismo e do hinduísmo. É quase como um grande "computador cósmico", que até pode ser o E.C.O. de D.E.U.S., que irá julgar nossas ações aqui na Terra, e de seu veredito resultará nossa sina na próxima existência. Um bom carma ou um carma ruim.

A terceira hipótese aponta que o próprio sujeito, após sua morte, escolhe no "plano espiritual" sua nova missão aqui na Terra ou até em outro planeta. É um dos pilares da doutrina espírita abordada anteriormente.

Acreditando ou não no Criador ou em divindades pessoais que manipulam nossa vida, o fato é que deveríamos reconhecer que qualquer acontecimento fora do nosso domínio, quer seja interpretado como puro acaso ou como destino, suplanta nossa limitada condição humana. Quando me

despeço de alguém com um "até amanhã" e a resposta de imediato é um "se Deus quiser", posso interpretá-lo de dois modos:
Se o Criador assim o permitir.
Ou uma "frase feita".

> *Pena que a imensa maioria das pessoas fala isso no modo automático. Penso que infelizmente é mesmo só uma espécie de reflexo condicionado.*

Como também posso traduzir como sendo uma resposta com um significado especial embutido; uma atitude de humildade perante a grandiosidade e complexidade da existência. Penso seriamente que tanto o "se Deus quiser" quanto um "graças a Deus" que emanam do meu interior e de tantos outros indivíduos, no fundo, carregam um sentido mais profundo. Que nossa vida, quer regida pelo destino, quer pela confluência de acasos, está ancorada a tênues fios invisíveis, que não conhecemos e muito menos dominamos e que podem ser rompidos a qualquer instante. E, portanto, ao fim de um dia produtivo e feliz, poderíamos todos agradecer a D.E.U.S. — Criador, divindades ou E.C.O. de D.E.U.S. — que nos protege e dá força. Que conduz ao derradeiro elo de nossa breve odisseia pela espiritualidade, religião, sagrado e fé: rezar.

CAPÍTULO 9

A PRECE E A FÉ

Rezar para confessar, para agradecer, rezar para pedir, e mesmo rezar como ritual. Penso ser esse um dos maiores pilares das religiões.

> **Se eu pedir a sua representação visual que retrate a religião, como seria ela? A exemplo do sagrado, vale desenho, foto música, escultura...**

Na minha concepção, a religião pode ser universalmente representada pela imagem de duas mãos postas em oração, talvez mesmo apontadas para o céu. Ou então um fiel de joelhos, rezando. Ou quem sabe uma vela acesa, em um lugar especial.

Rezar faz bem: alivia, tranquiliza, conforta.

E seguir como guia de conduta:

"Ora como se tudo dependesse de D.E.U.S.;

E age como se tudo dependesse de ti".

Todavia, parece que menos pessoas estão a rezar, pois o número de ateus vem crescendo em muitos países.

> **Você costuma rezar? A quem você dirige suas preces? E em que ocasiões?**

As pessoas rezam a D.E.U.S., seja o Criador ou divindades (a forma religiosa) para pedir orientação, proteção, salvação, livramento de problemas ou de doenças e, porque não, para pedir milagres.

Com isso, deixo uma indagação crucial: será mesmo que o Criador ou as divindades atendem às nossas preces?

Certamente que não. Infelizmente.

Quem sabe então só aquelas dirigidas a um propósito altruísta?

Como todos sabemos, nem mesmo essas, para a tristeza de todos.

Pois então, talvez somente sejam atendidas as preces altruístas daqueles bons, justos e corretos, como Madre Tereza.

Mai uma vez, apresento-lhes uma negativa.

Pessoas boas, justas e corretas rezam para obter o bem e podem não ser atendidas. E frequentemente não o são.

O rabino Henri Kushner escreveu um formidável livro cujo título diz tudo: *Quando coisas ruins acontecem a pessoas boas*, após o trágico falecimento de seu jovem filho de três anos. E defende que deveríamos, isto sim, rezar para receber: coragem, esperança, força, sabedoria. Que é precisamente o que explano como a outra forma de rezar: ao E.C.O. de D.E.U.S. fora de nós; transcendente. Seja ele físico, químico, eletromagnético ou tantas outras formas de energia ainda desconhecidas.

Pois mesmo não existindo um Criador ou divindades, por que não rezar para uma "confluência cósmica" de energias, agradecendo a elas por mais um dia seguro e feliz? Ou até mesmo acessar essas energias, captando-as para nosso auxílio e proteção? Relembro que o aparelho de TV foi engenhosamente criado para captar ondas de TV que de fato existem, mas que ninguém vê. Não é porque não as vemos que duvidamos de sua existência, pois as imagens de TV aí estão para comprová-las. Analogamente, há pessoas que rezam de modo concentrado e até podem estar captando energias ainda desconhecidas para nós.

Como também poder rezar ao E.C.O. de D.E.U.S. dentro de nós — imanente — frequentemente pela meditação. Ressalto que ambos os modos de oração — ao E.C.O. de D.E.U.S. imanente ou àquele transcendente — podem propiciar coragem, esperança, força e sabedoria.

O E.C.O. de D.E.U.S. transcendente guarda uma analogia com o que os hindus denominam *Brahman*, como contraponto a *Atman*, o imanente. Uma boa metáfora para ajudar a compreender melhor a dinâmica *Brahman-Atman*, quer dizer, transcendente-imanente, é a representação pictórica de um uma fogueira. Esta simboliza *Brahman*, enquanto as centenas ou milhares de fagulhas dela emanadas correspondem a *Atman*. Cada ser humano carregaria em si uma única dessas preciosas fagulhas advindas de *Brahman*, ou *E.C.O. de D.E.U.S.*, e daí o cumprimento *Namaste* dos hindus: "O D.E.U.S. em mim cumprimenta o D.E.U.S. em ti".

Ressalto que mesmo um indivíduo agnóstico ou até um ateu pode ser levado a rezar em ocasiões limítrofes, geralmente originadas por morte ou medo.

Atente para esta cena emocionante do filme *Fim de caso,* ambientado na Londres da Segunda Guerra Mundial. Seu enredo gira em torno de um triângulo amoroso: um casal, Henry e Sarah Miles, ambos ateus ou ao menos céticos, representados por Stephen Rea e Julianne Moore, e seu amante Maurice Bendrix, protagonizado pelo ator Ralph Fiennes.

Em uma das principais cenas do filme, Sarah e Bendrix estão juntos na cama em um dos muitos encontros extraconjugais dela, quando uma bomba explode na residência em que se encontram, fazendo com que Bendrix seja arremessado pelos ares, despencando um andar.

Sarah desce correndo, desesperada, e encontra o amante sangrando estirado no chão, coberto de entulho.

Ela tenta reanimá-lo em vão. Ele não se mexe. Não respira. Morto?

Minutos depois, ele surge no quarto e a encontra ajoelhada, compenetrada... rezando.

Acompanhe comigo o diálogo entre ambos e atente para a quarta linha:

Ele: — O que está fazendo no chão?

Ela: — Rezando.

Ele: — Para quem?

Ela: — Para qualquer coisa que possa existir.

Ele: — Teria sido mais prático descer.

Ela: — Eu desci.

Ele: — Por que não me acordou?

Ela: — Eu tentei. Você não se mexeu. Eu não entendo. Tive certeza que estivesse morto.

Ele: — Então por que estava rezando?

Ela: — Um milagre.

Ele: — E não acreditamos neles.

A cena é arrebatadora. Não me recordo de haver presenciado um diálogo semelhante no cinema: uma pessoa concentrada (prefiro até dizer mergulhada) na oração, mesmo não acreditando em milagres, nem no Criador.

Tenho a convicção de que essa cena não está restrita ao enredo do filme, porque há pessoas que mesmo sendo céticas rezam em momentos cruciais de sua existência "para qualquer coisa que possa existir".

Pois muito bem. Quando, no desespero, alguém diz que reza "para qualquer coisa que possa existir", traduzo tal prece de duas maneiras:

a) "Mas... e se existem mesmo um Criador ou divindades"?

b) Rezam para acionar o E.C.O. de D.E.U.S.

Ambos com fé.

"Para quem acredita, a fé é um santo remédio"

Fé, do latim *fides*, daí fiel e fidelidade, significa confiança absoluta em algo. Uma ideia, alguém, um acontecimento por vir, um credo... fé em D.E.U.S.

Dado que a própria ciência constata que mais de 90% do Universo é constituído de matéria desconhecida, a fé ocupa para sempre o espaço em branco deixado pela racionalidade, pois a ciência jamais — enfatizo, jamais — dará conta de explicar o Todo. A fé, assim como o sagrado, não se restringe às práticas religiosas. Mas deve ser autêntica, no sentido de emanar das profundezas do ser. Note que a fé não está circunscrita ao cristianismo, judaísmo, islamismo, budismo ou hinduísmo e pode muito bem fazer parte da vida de ateus e agnósticos.

O impacto da fé na vida das pessoas vem sendo alvo de investigações mais recorrentes. Principalmente as consequências da fé traduzida por uma conduta religiosa ou espiritual na manutenção da saúde ou cura de doenças. Essas investigações apontam que ter fé faz bem à saúde, pois parece ativar o assim denominado eixo — com o perdão do palavrão — "psiconeuroimunoendócrino": os que cultivam uma religião ou espiritualidade parece que adquirem mais força e resiliência para enfrentar a enfermidade e o tratamento. Estudos do Centro para Espiritualidade, Teologia e Saúde da Universidade Duke, nos Estados Unidos, demonstraram que o sistema imunológico dos adeptos de alguma prática religiosa ou espiritual é mais resistente e que eles vivem mais. Também a prece, "irmã siamesa" da fé, exerce um efeito benéfico sobre a saúde, pois o paciente que faz a "entrega" a D.E.U.S. nutre um sentimento misto de esperança e confiança que aliviará seu estresse e angústia e conduz a um incremento em seu relaxamento e bem-estar.

Porém, mesmo a mais profunda fé deve ser uma coadjuvante do tratamento médico, sendo complementar a este. A fé sozinha, desvinculada do protocolo médico, passa a integrar o terreno das "curas milagrosas". Milagre entendido como um fato que ultrapassa os limites das leis naturais conhecidas até o momento, quase assim como se o futuro se metesse no presente.

A espiritualidade, a religião, o sagrado, a oração e a fé estão umbilicalmente conectados aos maiores medos humanos, já tratados anteriormente. O medo de perder o emprego, de ficar pobre, o monumental horror à solidão, o pavor de doenças, incapacitações e deformidades, até que aportamos no maior dos medos: o medo da morte. A maior de todas as tristezas é sempre a morte: de um parente, de um amigo, de alguém próximo.

Mas e se a ciência puder oferecer uma solução até para a morte? Você verá se isso será possível mais à frente. Por ora, saiba que, como único ser com consciência da própria finitude (será mesmo?), o medo da morte permeia a trajetória humana desde tempos ancestrais. Até parece que todas nossas atitudes e comportamentos objetivam driblar a morte, enganar a morte. Além do que o ser humano sempre fez questão de deixar registrada sua existência com marcos para ser lembrado e até cultuado no pós-morte, procurando "eternizar" sua existência. Contornar a morte. Uma vez que somos mortais, tentamos ao menos mimetizar a imortalidade pela lembrança; pela memória: monumentos, como as pirâmides; mausoléus e tumbas; templos, como as formidáveis catedrais celebrando santos e papas; corpos mumificados ou embalsamados; prêmios e conquistas que eternizem os vitoriosos e laureados (Nobel, Oscar, Copas do Mundo, recordes mundiais e olímpicos).

E por que não, simplesmente, "plantar uma árvore, escrever um livro, gerar um filho"? Filhos esses que carregam nossos genes, perpetuando nossa descendência: os "genes imortais".

Por conseguinte, todas as religiões possuem em seu cardápio guias para saber lidar melhor com a morte. Todas elas apontam para um denominador comum: a morte não é o fim de tudo, há algo mais "do lado de lá". Seja essa uma promessa para propiciar alívio e consolo, seja porque seres iluminados tiveram a intuição ou visão de que existe o "outro lado". É uma espécie de passagem deste mundo para um outro, seja o paraíso, o inferno, seja o plano espiritual da doutrina espírita.

Ressurreição e reencarnação

Ressurreição (do latim *ressurectio* — ressurgir, voltar à vida) e reencarnação não apenas não são sinônimos como, de fato, são antagônicos. Acreditar em uma delas exclui necessariamente a crença na outra. E a diferença é sensível.

> *Taí algo que sempre bagunçou minha cabeça, pois até hoje confundo ressurreição e reencarnação. Mas sei que também tem muita gente que emprega os dois como sinônimos.*

Crer na ressurreição significa assumir o amálgama do espírito com a matéria — alma e corpo — em uma única existência, que serão dissociados na morte. A doutrina cristã prega a ressurreição do corpo, que ocorrerá quando Cristo retornar à Terra, na ocasião do Juízo Final. Todos irão ressuscitar: os que nele creem e tiverem sido virtuosos serão contemplados com o céu ou paraíso, ao passo que os maus poderão sofrer a danação eterna no inferno. Assim como o cristianismo, também o islamismo aponta para o dia do Juízo Final, em que Alah fará ressuscitar os que nele creem e o seguiram.

Já os que acreditam na reencarnação apregoam a dissociação do espírito e da matéria, alma e corpo. Essencial é o espírito: o corpo é tão somente um veículo para transportá-lo por esta existência humana, uma entre inúmeras encarnações. "Não somos seres humanos que também possuem uma dimensão espiritual; somos seres espirituais passando por uma experiência humana", um dos fundamentos da doutrina espírita, para a qual a alma vem a ser o espírito encarnado. Para a doutrina espírita, codificada por Allan Kardec no século XIX, todas as pessoas são espíritos encarnados propensos a progredir sempre, o que distingue o espiritismo das tradições orientais que aceitam sua reencarnação como planta ou animal. O espiritismo prega a evolução do espírito, o qual é submetido a incontáveis provas através de tantas encarnações quantas necessárias para finalmente torná-lo puro, sendo que os que praticam o bem evoluem mais rapidamente. Finda sua vida aqui na Terra, o espírito desencarna e vai habitar o plano espiritual, onde terá oportunidade de rever sua existência (recomendo assistir ao filme *Nosso Lar*). Para prosseguir sua evolução, o espírito vai escolher sua próxima missão, aqui na Terra ou em outros mundos. A morte, em vez de representar o fim de tudo, seria então apenas o encerramento de uma etapa, uma pausa na peregrinação do espírito rumo à perfeição.

Já a transmigração da alma, ou metempsicose, ocorre de um corpo para outro na encarnação seguinte, seja este novamente humano, vegetal ou animal. Essa é precisamente a crença das tradições orientais, para as quais o ciclo quase interminável de nascimento – morte – renascimento, denominado *samsara*, é regido pelo carma, consequência das ações que deixam marcas, reflexo da lei natural de causa e efeito na encarnação de um indivíduo. Suas ações, sejam elas boas ou más, em uma dada existência, repercutem na encarnação subsequente, incontável ciclo que só finda com a iluminação: o nirvana.

Porém, e se esse pós-morte idealizado pelas mais diversas culturas e religiões há milhares de anos viesse a ser, em um futuro nem tão distante assim, algo bem próximo de uma abstração? Uma coisa do passado? Porque há um bando de cientistas bastante inspirados e ousados envolvidos em abortar a única certeza absoluta da vida de todos nós: a morte, mais cedo ou mais tarde.

Tarde é um advérbio que os cientistas planejam substituir por outro advérbio: nunca. Pois é provável que, em um futuro nem tão distante assim, os cientistas possam, de fato, estender a vida por décadas a fio, esticá-la para um horizonte distante, ao:

Duplicar uma pessoa, ou melhor, multiplicar uma pessoa;
Conservá-la no frio após falecer visando ressuscitá-la no futuro;
Conservar sua mente para sempre, tornando-a imortal.
Três dos pilares do Transumanismo.

Convido-o a me acompanhar por uma breve visita aos laboratórios, institutos e centros de pesquisa onde a clonagem, a criônica e a *eternaMente* transpõem as fronteiras dos limites humanos rumo a um amanhã estonteante.

CAPÍTULO 10

OS CIENTISTAS BRINCANDO DE DEUS

A clonagem, a criogenia e a *EternaMente* são aquelas três invenções nem tão futuras que podem mesmo significar um portal para a imortalidade.

Imortalidade: postergar a morte ao infinito?

Morte: do latim *mors*. Sinônimo de óbito, do latim *obitu*. Ou falecimento, ou ainda desencarne, como denominado pelo espiritismo.

Tanatologia: termo derivado de *tanatos*, deus da morte na mitologia grega, compreende o estudo interdisciplinar da morte.

Morte: significa o fim da vida como a conhecemos.

O cessar definitivo do funcionamento dos sistemas orgânicos que "simplesmente" nos permitem viver.

Postergar a morte.

Superar a morte.

Subornar a morte.

Evitar a morte.

Enganar a morte.

Suprimir a morte.

Barganhar com a morte...

...quem já não pensou em fazê-lo?

Salvo aqueles descontentes com a vida, raros admitem ter sua trajetória por aqui encerrada à sua revelia.

E, claro, nem de seus parentes e pessoas queridas ou seus animais de estimação.

Morte e envelhecimento caminham de braços dados.

O envelhecimento vem sendo "enganado" e postergado.

Pela medicina: curativa e preventiva.

Pela cosmiatria.

Pelos alimentos funcionais.

Pelos exercícios físicos.

Pela... pelos ... o cardápio é imenso.

No Brasil, a expectativa de vida saltou de 34 anos no início do século passado para 75 anos na década de 2010.

Os experimentos com a Drosófila — aquela mosquinha da fruta — permitem prever para breve a possibilidade de a longevidade do ser humano se estender para além de 130 anos. E talvez possa até mesmo tender ao infinito?

> *Quiquqiui... como os cientistas deliram! Até uns 150 anos, quem sabe. Mas infinito!... quanta presunção!*

...foi o primeiro dos vários comentários de Adamastor, o contestador.

Possibilidade advinda dos três "milagres tecnológicos" frutos da ciência — a clonagem, a criônica e a *eternaMente*. Precisamente as que tangenciam a imortalidade e, no todo ou em parte, penetram como uma cunha nos grandes mistérios, sonhos e fantasias da humanidade; tão fundo que adentram os domínios da espiritualidade e da religião.

Da velhice postergada ao homem imortal?

A clonagem, a criogenia e a *eternaMente* até podem soar fantasiosas, porém não mais do que teriam sido a TV, os transplantes e a pílula anticoncepcional apresentados a meu avô Edgard Einstein numa hipotética viagem no tempo de volta a 1918, então um jovem tenente lutando nas trincheiras da 1ª Guerra Mundial.

Como também outra viagem ao passado, agora para o vizinho maio de 1968, quando apresentaria a Internet, os *smartphones*, o GPS, os drones e a impressora 3D a estudantes revoltados nas barricadas de rua naquela Paris convulsionada.

Pois então, você gostaria de me acompanhar em uma breve excursão "de volta para o futuro", há cem anos, para o ano de 1918? Se topar, você vai ter uma tarefa pela frente. Um belo desafio que vai pôr à prova sua criatividade, pois terá de descrever, com uma linguagem passível de entendimento por uma pessoa de então, os materiais com os quais são corriqueiramente fabricados, o funcionamento e para que servem alguns dos produtos com os quais convivemos diariamente e que nem sonharíamos ausentes de nossa vida. Será que essas pessoas acreditariam em nós, viajantes do tempo? Quer dizer, ao acenar-lhes com as invenções futuras previstas para cem anos — os produtos de fato no mercado em 2018 — qual teria sido a reação dos habitantes de então? Incrédulos? Como a de um chiste; uma pegadinha, ou risonhos, pensando com seus próprios botões (mesmo porque o zíper ainda não tinha sido inventado...): "É melhor não contrariar. Podem ser loucos perigosos!"

Talvez, reação similar à que hoje ainda tantos teriam perante clonar um ser humano, a criônica e a *eternaMente*: "É só ficção científica".

> *Pois eu penso que é só ficção científica mesmo!*
> *E olhe lá!*

Então, como você descreveria para os habitantes de cem anos atrás dois produtos ou tecnologias bem usuais de hoje? Digamos a TV e o transplante de órgãos, que lhe parece?

Que tal comparar sua descrição com a minha tentativa de relatar para um habitante de 1918 o que são a TV e o transplante de órgãos?

Televisão: uma caixa estreita que tem uma espécie de janela de vidro na frente. Geralmente, de cor preta, mede uns 40 cm por 50 cm por 10 cm, mas também pode ser pequenina a ponto de caber na palma da mão ou até grandona, a ocupar uma parede inteira. O aparelho de televisão — vão chamar de TV — vem acompanhado de uma espécie de estojinho que cabe na palma da mão, com muitos botões coloridos. Você aperta os botões que quiser, surgem imagens na janela de vidro, como um cinema pequeno na sua casa, e as cenas mudam na sequência e no volume de som desejados. Você comanda a TV a distância, como mágica! Esse tipo de cinema é colorido, como as coisas realmente são. E não é só isso. Nessa janela de vidro você pode assistir a qualquer cena que se passa em qualquer ponto do planeta, exatamente no momento em que está acontecendo, como se você estivesse lá! O que é chamado de "transmissão ao vivo".

Transplante de órgãos: quando um órgão do corpo está funcionando muito mal, é possível trocá-lo por um outro órgão sadio, extraído de uma pessoa que acabou de falecer. E aquele indivíduo, agora denominado transplantado, vai poder viver mais e melhores anos. Com exceção do cérebro, são feitos transplantes de qualquer órgão, acreditem ou não até mesmo do coração! Já o transplante de rins pode ser mais fácil, pois se descobriu que os seres humanos podem levar uma vida normal com apenas um dos rins. Assim, quando alguém precisa de um transplante, um familiar pode doar um dos rins e continuar vivendo bem somente com o outro.

A TV e o transplante de órgãos possivelmente seriam julgados como ficção científica pelos habitantes de 1918, como também rotulados do mesmo modo em 1968 o *smartphone* e a impressora 3-D.

E a clonagem, a criônica e a *eternaMente* seriam tão somente ficção científica também? Pois convido-o a ingressar comigo nos laboratórios e centros de pesquisa para descobrir o estágio de desenvolvimento das três maravilhas tecnológicas.

> *Essa eu quero ver!*

A clonagem reprodutiva

Clone é um termo de origem grega que significa "broto". Consiste em produzir uma ou mais cópias idênticas de um vegetal, animal ou humano (como seria um gêmeo univitelino). Para tanto, são necessários uma célula do ser que se pretende clonar, um óvulo a ser fecundado e um útero hospedeiro. Retira-se o núcleo (miolo genético) da célula, núcleo este que carrega todo o DNA a ser replicado, e também o núcleo do óvulo, em que será implantado o núcleo da célula a ser clonada. O óvulo fruto dessa fusão já é um ovo fertilizado que é então implantado no útero hospedeiro e se comportará como se tivesse sido fecundado por um espermatozoide.

A técnica da clonagem já havia dado frutos comprovados com plantas e embriões de outras espécies de animais quando, na última semana de fevereiro de 1997, um artigo de capa da revista inglesa Nature assombrava o mundo, o relato da clonagem de uma ovelha adulta: Dolly. Como a célula que a originou era oriunda da glândula mamária da ovelha doadora, decidiu-se batizá-la com o nome da cantora country americana Dolly Parton, conhecida por suas mamas avantajadas.

Em virtude da vitoriosa experiência feita com a ovelha Dolly, a clonagem foi replicada para vários outros mamíferos nas décadas subsequentes, com seu ápice no recente feito (2017-2018) de cientistas chineses em Xangai, na China. Após décadas de tentativas frustradas, conseguiram, pela primeira vez na História, clonar primatas, o grupo de mamíferos ao qual pertence a espécie humana: deram vida a um casal de macaquinhas da espécie cinomolgo, tornando maior a chance de a clonagem ser estendida também aos seres humanos. Sabe-se que a clonagem reprodutiva humana será muito mais complexa, e seu processo ainda não foi tentado por evidentes razões éticas, mais até do que tecnológicas. Ou será que algum grupo de cientistas ousados e amalucados cruzou a fronteira da bioética e da religião e já clonou um ser humano, sem que nada tenha sido divulgado? E quem sabe você e eu já tenhamos nos deparado com uma criança de uns dez anos de idade clonada?

> *Quanta fantasia! Parece até aquele seriado americano dos anos 60, "Além da Imaginação"!*

Se ainda não o fizeram, e creio firmemente que não, a clonagem humana é só uma questão de quando, de quem o fará e de quem será clonado. E são três as dimensões capitais que irão balizar em que grau a cópia poderá ser idêntica ou ao menos similar ao seu original humano.

A primeira, claro, são os aspectos físicos. E aí acrescento um sim e um porém. Pois apesar de o clone ser o "gêmeo univitelino" do seu original, sua inter-relação com o meio ambiente — alimentação, prática de exercícios físicos, exposição ao sol, traumas e acidentes — irá interferir no seu desenvolvimento, resultando em "dissimilaridades" físicas. Lembro que clonados serão os genes do indivíduo, porém não sua história de vida.

A segunda é a constituição psicológica. Todas as suas características comportamentais serão herdadas? A índole? O caráter? A inteligência? Os sentimentos? As emoções?

> *Que viagem! Todos os marcadores psicológicos terão sido destruídos pelo frio. Adeus, pessoa! Seria transplantada apenas uma massa cinzenta chamada cérebro.*

A personalidade, é bem sabido, resulta da herança genética (nesse caso, a mesmíssima) e da interação do sujeito com o meio ambiente que certamente deverá ser diferente. Quer dizer: a genética é profética? Se o clone externar um comportamento idêntico ou mesmo bastante similar ao do seu original, a genética preponderará. Diferenças consistentes no comportamento farão a balança pender para a influência do meio ambiente. O que acrescentaria informações à antiga discussão de quanto a personalidade é fruto dos genes do indivíduo e quanto o é de sua inter-relação com o meio ambiente.

Supondo-se a existência da alma, esta configura a terceira dimensão, independentemente de crenças religiosas. Questões intrigantes emergem: o clone de um ser humano também teria alma? Em caso afirmativo, seria a mesma do "original"? Mas então a alma pode ocupar dois ou mais corpos?! Almas replicadas? Ou a alma da cópia seria diferente? Ou um clone sem alma? E principalmente quais seriam as consequências teológicas das três hipóteses?

> *Duas almas? Meia alma? Nenhuma alma?*
> *"Além da Imaginação" é pouco...*

O fato é que chegamos a um ponto em que o ser humano pode ser replicado, isso quando os cientistas se atreverem a fazê-lo. Supondo-se, repito, que ainda não o tenham tentado ou mesmo realizado. Todavia, além dos eventuais limites da própria ciência, existem razões de ordem ética, religiosa e principalmente jurídica que entravam consideravelmente a intenção de clonar um ser humano. Penso que todas as consequências da clonagem humana ainda são inimagináveis, porém destaco três delas.

A primeira das consequências possíveis seria a "fabricação" de super-raças, uma simbiose de corpos olímpicos com mentes "einsteinianas". Mas aí então, quem desempenharia o papel das sub-raças, que trabalhariam para as primeiras? O que remete ao *Admirável Mundo Novo*, aquela magistral obra de ficção científica de Aldous Huxley, que preconizava os indivíduos produzidos em série de acordo com a demanda da sociedade por líderes — os alfas — até a base da pirâmide social, os ípsilones, trabalhadores no esgoto, passando pelos betas, gamas e deltas.

> *Pois é o que teremos:*
> *o retorno das super-raças de Hitler*
> *e do nazismo. Meu Deus!*

O segundo corolário da clonagem humana:
"Deus fez o homem à sua imagem e semelhança". Com a clonagem, poderíamos ter: Também o homem faz o homem à sua imagem e semelhança?

E se não bastasse a clonagem ser fascinante por si mesma, e aqui relato a terceira consequência, o que dizer de clonar um ser já falecido, que obviamente não tivesse sido cremado? E aí a ficção científica entra em cena mais uma vez, antecipando-se à ciência "real": precisamente o enredo do livro *Os meninos do Brazil*. Escrito por Ira Levin em 1976 e adaptado para o cinema em 1978, sendo dirigido pelo cineasta Franklin Shaffner, com Laurence Olivier e Gregory Peck nos papéis principais, apontava para a existência de vários clones infantis de Hitler espalhados pelo mundo, fabricados a partir de uma célula daquele ditador sob os auspícios do médico Josef Mengele.

Procedimento que, por sinal, também pode ser realizado com um mero pedaço de tecido que, por exemplo, esteja manchado com gotas de sangue, desde que o DNA esteja preservado. Seria então o caso clássico do santo sudário, manta que pretensamente cobriu o corpo de Jesus quando retirado da cruz e que se encontra na Itália.

Então: Jesus clonado?

Galileu? Einstein? Carl Sagan? Chaplin?

Mas, como contraponto, também Hitler, como na obra *Os meninos do Brazil?* Ou outros genocidas como Pol Phot do Camboja, Stalin, da extinta União Soviética, Muamar Khadafi, que foi tirano absoluto da Líbia... a lista dessas "doces criaturas" é imensa.

E afinal, quem irá decidir quem vai ser clonado?

> **Se coubesse a você escolher clonar alguém já falecido, a partir de seu DNA, quem você escolheria? (não vale parente, amigo ou animal de estimação!)**

> *E clonar gente morta, então? Só faltava essa! Ressuscitar gênios, quem sabe! Porém aí também poderiam reviver delinquentes! Que horror! Mas que delírio, hein?*

Relembro o já discutido acerca da ciência e seus limites. A ciência, por si mesma, não é exatamente boa nem má, benéfica nem maléfica. A clonagem em si, enclausurada nos domínios da ciência, é uma invenção fascinante. Mas sua utilização pelos seres humanos sem os adequados freios da ética pode levar ao mal, à destruição, a desastres de inimagináveis proporções. A

Talidomida era, nos anos 60, tão não maléfica que ela vem sendo receitada nos dias de hoje nos casos de hanseníase. Mas foi receitada naquela década indiscriminadamente, sem testes mais aprofundados.

Estará a humanidade pronta para a clonagem humana?

Quando acordaremos pela manhã com a notícia estampando as manchetes?

Criônica

A criônica é um ramo da criogenia, campo de pesquisa aplicada que investiga tecnologias para a produção de temperaturas extremamente baixas. Seu pai foi Robert Ettinger, que nos idos de 1964 publicou *The prospect of immortality* (sem tradução no Brasil), obra que lançou os fundamentos da criônica. Esta designa todos os estudos, pesquisas e aplicações de técnicas que permitam resfriar e preservar corpos humanos e de animais na expectativa de trazê-los de volta à vida no futuro.

Meu interesse pela criônica remonta aos idos dos anos 1970. E a quem devo minha curiosidade? Terá sido a disciplina de Química a me introduzir no assunto? A disciplina de Biologia, quem sabe?

Uma obra de genética, claro!

Um retumbante "não" para as três! Meu interesse pela criônica foi provocado pela disciplina de *marketing*, no sexto ou sétimo semestre do curso de Administração de Empresas lá na Fundação Getúlio Vargas!

Lembro-me bem que se tratava de um caso denominado "Vida fria", traduzido e adaptado do material da MSU (Michigan State University), pelo professor Jacob Jacques Gelman. Discorria acerca de uma empresa americana que congelava cadáveres — a Associated Cyrogenics — e o professor havia solicitado aos grupos uma pesquisa de mercado e um plano de *marketing* visando o lançamento de tal empresa no Brasil. Foi o caso mais genial e instigante de todos os que enfrentei nos meus quatro anos de faculdade.

O fato é que o tema criônica jamais saiu do meu radar, e a leitura de obras que direta ou indiretamente abordam o assunto reflete meu interesse e insaciável curiosidade pelo tema.

A criônica é o segundo dos três portais para a imortalidade aqui discutidos. Trata-se de outro "milagre científico", uma outra amálgama de ciência, religião e ficção científica: congelar e ressuscitar.

É a técnica que permite congelar um cadáver por décadas a fio (a fio, no frio) com o propósito de ressuscitá-lo na posteridade. O procedimento todo, denominado "vitrificação", consiste em resfriar o cadáver assim que o indivíduo morre, ou no máximo um par de horas após ter sido declarado clinicamente morto. O sangue é bombeado para fora do corpo e substituído por um composto químico baseado em glicerol como crioprotetor, a fim de evitar ao máximo a formação de cristais de gelo danosos às células. Em seguida, o corpo será resfriado em gelo seco, após o que será imerso em um tanque contendo nitrogênio líquido à temperatura de 196 graus célsius negativos. Sempre de cabeça para baixo para que, na hipótese de vazamento do tanque, ao menos o cérebro possa ser preservado.

É possível que a criônica tenha se espelhado nos incríveis casos de sobrevivência de pessoas que permaneceram por quase uma hora submersas em rios ou lagos congelados, incapazes de emergir devido à camada de gelo. A redução do metabolismo em consequência da baixa temperatura da água permitiu que permanecessem quase sem oxigênio pelo tempo submerso. Relembro que a técnica do congelamento já é corriqueira para os embriões utilizados na fertilização *in vitro*, que geram crianças plenamente saudáveis. Seguindo os protocolos da ciência, a criônica tem sido testada em animais, como sapos, ratos e pequenos primatas. Tais bichinhos já foram ressuscitados com sucesso, mas para desgosto dos cientistas, vieram a falecer após poucas horas após ressuscitados.

Atualmente, há quatro empresas ao redor do mundo que oferecem esse serviço de congelamento. A pioneira Alcor Life Extension Foundation, o Cryonics Institute, a Transtime (americanas) e a Kriorus (russa). Todas dispõem de páginas na internet que podem ser acessadas de qualquer lugar do planeta. Abaixo, apresento uma tabela comparativa dessas empresas.

Tabela 1 – Empresas de Criônica

Empresa	Preço em dólar	Desde	Standby Opcional	Congelamento de animais e armazenamento de tecidos	Pacientes	Membros	Site
Cryonics Institute	$ 28,000	1976	Sim	Sim	136	1239	www.cryonics.com
Alcor	$ 200,000	1974	Não	Sim	141	1042	www.alcor.org
American Cryonics Society	$ 155,000	1969	Sim	Não	193	?	www.american-cryoinics.org
KrioRus	$ 36,000	2005	Não	Sim	41	?	www.kriorus.ru/en
Trans Time	$ 150,000	1972	Não	?	3	?	www.transtime.com

Fonte: adaptada do site: <http://www.cryonics.org/the-ci-advantage/>. Acesso em: mar. 2016.

Todas contam com uma equipe de cirurgiões, médicos e paramédicos que crionizaram mais de uma centena de cadáveres que lá repousam: desde pessoas que levaram uma vida bem comum, como o advogado de nome James Bedford, o primeiro paciente submetido à criônica nos idos de 1967, como também algumas outras que, em vida, foram bastante famosas (entre elas, rumores apontam para Walt Disney). Quase meio século depois do primeiro paciente, em 2014, outro famoso (esse sem rumores) submetido ao processo da suspensão criônica foi Hal Finney, o pioneiro na adoção da moeda virtual *bitcoin*, falecido devido à ELA (Esclerose Lateral Amiotrófica).

Muitas pessoas candidatas à criônica após seu falecimento já usam uma daquelas plaquinhas — como as dos militares — que traz gravada a instrução para serem crionizados. Já outros há que carregam tais instruções tatuadas em locais visíveis de seus corpos. Mas que tipo de pessoa se submeteria a tal processo? Quais seriam as suas reações ao despertar daqui a trinta, cinquenta ou cem anos, qual Bela Adormecida, em um mundo que provavelmente não guardará quaisquer semelhanças com o presente? Talvez sozinho, sem qualquer parente?

Note que ainda hoje há cinco grandes entraves para que haja mais candidatos à criônica:

A criônica ainda ser majoritariamente desconhecida.

O alto preço do processo. As cifras giram em torno de 200.000 dólares o corpo inteiro e aproximadamente a metade se o indivíduo optar por preservar apenas a cabeça.

> *Uau! Mas como tem gente ganhando dinheiro às custas de trouxas. Ou crentes. Ou otários, sei lá...*

O simples fato de que ninguém ainda descongelou um corpo humano crionizado e o trouxe novamente à vida.

Comenta-se que existe até uma fila de espera, veja só;

E as possíveis travas da religião.

A própria natureza da criônica de tornar possível ressuscitar um cadáver congelado contribui para inflamar a polêmica que cerca outras fronteiras permeáveis entre a vida e a morte.

Note que, em tese, poderíamos reconhecer cinco categorias de mortos, o que nos faz adentrar um universo fúnebre (literalmente), porém relevante: discutir as hipóteses do que demarca a morte de alguém. Veja só em que nos metemos.

Há os irreversivelmente mortos, como os cremados. Não deixam rastros; resquícios. São o que eu denomino mortos "vaporizados", termo que

emprestei da obra 1984 de George Orwell, nomeando os indivíduos que simplesmente desapareciam da face da Terra, bem como de todo e qualquer registro escrito ou visual;
Os mortos enterrados;
Os mortos embalsamados;
Os mortos que tiveram seu DNA preservado;
Os mortos que foram crionizados. E então indago: qual seria mesmo o estado legal de um corpo mantido em estado criônico? Pois ressalto que apenas cadáveres podem ser submetidos a esse procedimento, pois a legislação de todos os países proíbe suspender a vida de alguém desenganado pela medicina para mantê-lo em um coma gelado artificialmente produzido, na esperança de "acordá-la" quando sua cura houver sido descoberta.

Penso que os mortos crionizados permitem duas hipóteses distintas:
O ressuscitar será impossível, daí a criônica será tão somente uma outra forma de funeral;
Será mesmo possível reviver no futuro um cadáver congelado. O que nos remete a uma questão no mínimo polêmica: como classificar o corpo-cadáver imerso lá naqueles tanques, enquanto ele não tiver sido "ressuscitado"? Um cadáver ou corpo em animação suspensa? Talvez alguém em "crionicoma"? Observo que aqueles quatro laboratórios mencionados anteriormente denominam pacientes esses corpos crionizados.

> *Pacientes literalmente pacientes: em sono eterno? Para sempre, creio eu.*

E a quinta e derradeira classe de mortos encampa as pessoas em animação suspensa, crionizadas antes de falecerem. Note que é tão somente uma especulação; uma construção teórica, pois essa hipótese não tem amparo na realidade, uma vez que tal processo é legalmente proibido no mundo inteiro. Como ainda não se dominam as técnicas de reanimação, o processo seria considerado suicídio assistido. Mas vejam só: nos países em que o suicídio assistido é legalmente admitido (como Holanda e Suécia), por que então não recorrer a uma alternativa menos radical e irreversível? Que até forneça esperança? Isto é, perdido por perdido, por que não tentar a criônica, em vez de terminar a vida com uma injeção letal?

> *E doar 200 mil dólares àquelas empresas?*

São várias as digressões acerca das possibilidades e consequências da criônica. Talvez a mais fascinante envolva a combinação de criônica com clonagem. Já não basta a concretização da ficção científica na forma de "ressuscitar um morto", atrevemo-nos a associá-la à clonagem. Se idoso vier a ser o sujeito submetido à criônica, em vez de ser ressuscitado no mesmo corpo velho e desgastado, por que não renascer em um corpo jovem? Quer dizer, a se configurar tal hipótese, apenas seu cérebro seria transplantado para o novo corpo, isso na suposição de que todos os seus registros mentais — memória, índole, personalidade e emoções — venham junto.

> *Taí de novo! Nunca irão conseguir transplantar a mente...*

Mas qual seria o corpo, digamos assim, doador? É precisamente aí que se encaixa a clonagem, pois aquela cabeça poderia ser implantada em um clone anencéfalo. Após criar, reproduzir e transplantar, paira uma pergunta chave: os principais traços comportamentais daquele sujeito crionizado permaneceriam em um corpo diferente? Isto é, a mente existe por si mesma, sendo uma entidade independente, ou estará ela amalgamada ao corpo e dele depende para atuar? Lembro que para dizer que somos alguém, a língua inglesa usa a expressão *"we are somebody"*, que também significa "nós somos algum corpo".

Outra questão instigante: digamos que após reanimar o cadáver crionizado se percebe que ele perdeu a maioria de seus registros mentais responsáveis por sua identidade. Quem será ele, então? Ainda ele mesmo ou uma nova pessoa?

A eternaMente

Dos três portais do transumanismo rumo à imortalidade, a *eternaMente* é o menos desenvolvido, sendo o mais embrionário dentre eles em termos de viabilidade concreta, pois está prevista apenas para meados deste século. A clonagem permite incontáveis cópias de um indivíduo, tendendo ao infinito, e já foi realizada com mamíferos. A criônica é a conservação de um cadáver à espera de ser ressuscitado nalgum ponto do futuro, e laboratórios de criônica existem há décadas. Mas transplantar todo o conteúdo mental para outro ser humano ou mesmo um sistema operacional ainda não foi tentado. Salvo mais uma vez na ficção científica, no filme *Transcendence*.

O projeto da *eternaMente* visa tornar viável proceder a um *upload* do conteúdo integral da mente (repito, tudo: personalidade, lembranças, emoções) logo após o falecimento da pessoa e ter sua mente transplantada. O mapeamento cerebral detalhado permitirá que as conexões entre os bilhões de neurônios possam vir a ser escaneadas, convertidas em linguagem de sistema operacional e transmitidas e reconfiguradas com o objetivo de mimetizar sua configuração humana original: uma verdadeira réplica da mente humana.

O Instituto Paul Allen em Seattle, nos Estados Unidos, um dos centros de referência no projeto da *eternaMente*, está empenhado em realizar um mapeamento cerebral detalhado como nunca houvera sido realizado antes. Seu objetivo é decodificar as conexões neuronais e transformá-las em dados para que seja finalmente possível realizar o *upload* de todo o conteúdo do cérebro para outros corpos, e como mencionado anteriormente, não necessariamente biológicos. Quem sabe um sistema operacional; um avatar robótico; um androide?

A *eternaMente* fecha essa "santíssima trindade científica". Um dos projetos consiste em transformar as milhões de conexões neuronais em dados. A ideia é produzir um *upload* da mente e transferi-lo para outros organismos, que podem ou não ser biológicos: um avatar ou um computador. A mente humana passaria a sobreviver à morte do mero corpo físico, beirando a imortalidade.

> *Bacana mesmo, igualzinho ao filme Transcendence. Porém, simples ficção. De novo: não acredito que a mente possa sobreviver à morte clínica e depois ser transplantada.*

O filme *Violação de privacidade* é uma ficção protagonizada pelos atores Robin Williams, Jim Kaviezel e Mira Sorvino. Seu enredo se passa em algum tempo futuro, não discriminado no filme, quando será viável implantar *microchips* no cérebro dos recém-nascidos, com a finalidade de registrar integralmente "tudo" da vida desse ser, desde a mais tenra idade. Zoe, a última geração desses implantes fabricados por uma empresa denominada Eye Tech, já seria totalmente orgânico, o que permitia seu desenvolvimento junto ao cérebro da criança. Esse fantástico *chip* deveria registrar, em tempo real, todos os acontecimentos acoplados a pensamentos, sentimentos, emoções, sonhos e fantasias — enfim, tudo que teria passado pela mente dessa pessoa. Após sua morte, o *chip* deveria ser extraído, e seu conteúdo examinado por um editor visando ser posteriormente transformado em uma espécie de filme, a ser entregue a seus familiares.

Além de todos os matizes de cunho ético envolvido nos procedimentos, o grande conflito se dá entre a tecnologia, que permite a extração dos conteúdos mentais, e os religiosos, para os quais "não cabe a nós ver através dos olhos dos outros. Isso cabe a Deus e só ele".

Mas será mesmo?

A clonagem, a criônica e a *eternaMente* objetivam, em última análise, prolongar — se possível, indefinidamente — a vida das pessoas. Em outras palavras, contornar a morte. Para tal, parece que deve existir uma sequência lógica que permita a compreensão do espaço e da ocasião de empregar cada uma delas.

Preservar o corpo e a mente, impedindo que se deteriorem, é imprescindível sob todos os aspectos. Sabe-se, todavia, que sob a ótica do presente, tal tarefa é extremamente difícil. Dos três milagres tecnológicos, a criônica é o único disponível no presente, inclusive comercializada, como já citado. É precisamente aí que se insere a hipótese da clonagem, o segundo grande milagre tecnológico. A clonagem permitiria produzir um novo organismo oriundo daquele desgastado corpo recém- ressuscitado. É neste ponto que uma singela questão desponta à nossa frente: também a mente estará sendo clonada? Em caso afirmativo, a missão de prolongar a vida estará completa. Mas em caso contrário, os cientistas do futuro deverão acionar a *eternaMente*, transplantando o conteúdo mental do falecido para esse novo corpo clonado. Ou até mesmo para um androide, o que certamente iria gerar possibilidades fascinantes.

Sabemos dos embates éticos e mormente religiosos a serem enfrentados pela clonagem, criônica e *eternaMente*. Existe resistência da Igreja à fertilização *in vitro*, tentada nos anos 1960 e 1970, quando cristãos conservadores se opunham ferozmente ao que chamavam de invasão da medicina na sagrada área da concepção, então circunscrita aos desígnios de Deus. Ademais, a exemplo das várias dúvidas que cercam a clonagem, a criônica e a *eternaMente*, na época da fertilização *in-vitro*, não se sabia se os bebês nascidos de proveta apresentariam alguma disfunção física ou mental. Ou mesmo se tal procedimento poderia originar super-homens ou quaisquer outras vertentes a invadir o terreno da ficção científica. Resistências, críticas e dúvidas superadas após 25 de Julho de 1978, quando Louise Brown, o primeiro bebê de proveta, nasceu na Inglaterra.

Então: quem virá a ser o primeiro clone humano? Ou o primeiro "crionicoma" ressuscitado? Estaremos nós preparados para recebê-los? Nós: você e eu? Nós: a humanidade?

Como será conviver com eles? Ética e moralmente? Religiosamente? Ou será que, a exemplo dos cenários dos filmes *Violação de privacidade*, *Anjos e demônios* e *O código da Vinci*, os dois últimos adaptados das obras homônimas de Dan Brown, sempre haverá religiosos furiosos prontos a destruir os últimos avanços da ciência?

Mormente os que ousam aproximar o ser humano de D.E.U.S.?

Há tempos o ser humano tem sido classificado por idade, sexo, etnia, religião, escolaridade, local de nascimento, classe socioeconômica... Omiti algum? E é bem possível que em um futuro nem tão longínquo se acrescente mais um divisor: os mortais e os imortais.

CAPÍTULO 11

EPÍLOGO

"A melhor maneira de prever o futuro é criá-lo"
Peter Drucker

Relatei a deliciosa jornada ao íntimo de mais de uma centena de entrevistados, da qual extraí desejos, sonhos e fantasias que transcendem o modorrento cinzento do dia a dia.

Se fosse possível, em um dado momento único da vida, tomar conhecimento do dia da própria morte, a maioria dos respondentes (três em cada quatro) não gostaria de saber com que idade vai morrer, e os que desejavam sabê-lo compunham o grupo dos mais maduros.

Se pudessem escolher entre a morte como o "eterno fim" ou "uma-passagem para o amanhã", mais da metade dos entrevistados almejariam outras vidas, mesmo correndo o risco de uma reencarnação penosa. Outras vidas? O transumano que poderá prolongar esta existência por centenas de anos é a resposta.

Se a lâmpada de Aladim deixasse de ser mera ficção e as pessoas pudessem concretizar três desejos, a maioria pediria saúde perfeita pelo resto de seus anos, felicidade perpétua e muito dinheiro. Saúde perfeita? Novamente propiciada pelo transumano.

"Não estamos sós", pois a grande maioria dos respondentes (2 em cada 3) acredita em vida inteligente fora da Terra. E caso se encontrassem face a face com um alienígena que os convidasse a emigrar (sem volta) a seu idílico planeta de origem, raros são os que se aventurariam a acompanhá-lo.

Se finalmente o ancestral sonho do "túnel do tempo" se tornasse viável, a opção não seria pela viagem ao futuro, mas sim viajar ao passado para poder presenciar *in loco* um fato histórico marcante.

Quem sou eu? O que estou fazendo aqui, afinal? Há um destino traçado para mim? Por Deus? E o universo, como começou? Esses são os maiores mistérios que as pessoas sonham ver decifrados.

Agora, então, provoco o leitor com algumas indagações finais, não menos formidáveis do que tudo que vimos até agora, cujas respostas irão fundamentar minha próxima obra.

Prepare-se, pois.

1) Chegamos ao ano de 2047, época em que a criônica transcendeu a mera possibilidade científica, pois o corpo crionizado pode ser devidamente ressuscitado. Cercado por uma dezena de seres de branco, homens e mulheres trajando gorros e máscaras que lhe dão as boas-vindas ao ano de 2047, você é trazido de volta à vida. Pois bem: quais as três primeiras perguntas você imagina que faria nesse momento tão especial? Sem contar obviedades como:

> Em que ano estamos? (já foi dito!)
> Isto é um sonho?
> Estou acordado?
> Quem são vocês?
> Onde estou?
> E também não vale perguntas acerca de familiares, amigos e *pets*.

2) Há inúmeras pessoas vítimas de doenças terminais que, desenganadas pela medicina, optariam por abreviar sua existência pela eutanásia, como nos países em que o suicídio assistido é legalmente admitido (Holanda e Suécia).

Agora, suponha que, em um futuro próximo, a criônica em vida passe a ser legalmente permitida, sendo uma alternativa bem menos radical e irreversível para a eutanásia. Esperança com "E" maiúsculo para pacientes com uma doença terminal que vão ser mantidos em animação suspensa.

Pois bem: você recomendaria a criônica a um parente desenganado pela medicina?

3) Qual seria sua reação ao saber que você é o clone de outra pessoa?

4) O ser humano é o fruto de uma conjugação de seu corpo, mente e, para os que nela creem, a alma.

Laboratórios de Inteligência Artificial já pesquisam procedimentos que consistem em escanear as conexões entre os bilhões de neurônios que poderão ser convertidas em linguagem de computador, logo após a morte do indivíduo. Estudos apontam que será perfeitamente possível num futuro nem tão distante assim proceder ao *upload* de todo o conteúdo mental de um indivíduo — personalidade, lembranças, emoções e sentimentos, enfim, tudo que nos torna únicos — para um outro corpo biológico ou, talvez, até mesmo um avatar robótico; um androide. Uma verdadeira passagem para a imortalidade, pois sua vida pode prosseguir indefinidamente, agora em um novo corpo.

Pense bem: você deixaria instruções para que, logo após falecer, procedam ao *upload* de sua mente (para um outro organismo/ser, biológico ou não)?

Em caso afirmativo:
Você optaria por percorrer a estrada rumo à imortalidade com sua mente transplantada para:
Um clone seu;
Um clone de um outro corpo à sua escolha;
Um sistema operacional; um avatar robótico; um androide.
Se for em um outro corpo, seria:
Do mesmo sexo do seu;
Do sexo oposto.
Com que idade corporal você desejaria reiniciar sua vida?
Tendo optado pelo *upload* de sua mente para o clone de um outro corpo, pergunto: você julga que permaneceria sendo "você mesmo"?
Se você optou pelo *upload* de sua mente para um androide, pergunto: você permaneceria sendo você mesmo?
Esse androide com sua mente permanece humano?
Digamos que possamos simplesmente denominá-lo "pós-humano" ou transumano. Seria ele "*imago Dei*" ou de seu criador, o homem?
Diga-me o porquê da sua opção.

5) Caso o elixir da longa vida dos alquimistas fosse desenvolvido pela ciência moderna, você se disporia a tomá-lo para viver eternamente, mesmo se ocorrer de algum dia essa não for mais sua vontade?

6) Será que as pessoas se disporiam a alterar seu DNA, mesmo sem saber de suas consequências a longo prazo?

> É muito arriscado fazer previsões.
> Especialmente sobre o futuro (Arthur Clarke, 1975).

Sonhos e fantasias pinçam o futuro.
Futuro próximo ou distante.
Entre tantas e tantas possibilidades, existem dois caminhos fundamentais para tentar antever o futuro.
O primeiro deles enraizado em bases que podemos denominar científicas e pesquisas de tendências. Correlações, correlações e mais correlações.
O segundo privilegia a imaginação, a intuição e sua interconexão com a ficção científica.

Está claro que o primeiro, sem dúvida, parece o mais sensato e apropriado. Mesmo porque é a estrada que costuma ser percorrida pelos futurólogos de todas as matizes e profissões. Porém, se boa parcela das previsões elaboradas pelos futurólogos em um passado de 50, 100 ou 150 anos tivesse se concretizado no presente, nosso dia a dia seria bem diferente. Para o bem e para o mal.

Felizmente, previsões funestas não se concretizaram. Veja só: a humanidade se livrou de um holocausto nuclear, que seria provocado pela guerra entre os Estados Unidos e a então União Soviética, que deixaria até 200 milhões de mortes.

A humanidade não vivenciou a proliferação da distopia comunista, que estenderia seus tentáculos a todos os países, salvo Canadá, Estados Unidos e Austrália, fazendo da Europa um dos satélites da ex-União Soviética (Timothy Leary, guru da contracultura americana, anos 1960).

A humanidade se livrou até mesmo de uma superpopulação como aquela prevista por Malthus, no século XVIII.

Porém, para tristeza geral, tampouco se concretizaram cenários otimistas, pois previsto estava um sem número de produtos e serviços destinados a suprimir o desconforto e o sofrimento, que permaneceram circunscritos ao terreno das ideias. O cenário preconizado pelos grandes mestres da ficção científica e das utopias mirando a segunda década do século XXI mostrou-se desconectado da realidade.

A fadiga da locomoção a pé no centro das grandes cidades seria substituída pelo conforto do deslizar de calçadas rolantes, como sucede em muitos dos grandes aeroportos.

Mas o fato nu e cru é que todos nós ainda caminhamos muito. Faça chuva ou faça sol.

Os irritantes congestionamentos de trânsito das megalópoles teriam sido abortados, pois ao invés do automóvel e do rasgar de mais e mais ruas e avenidas, boa parte da população possuiria uma espécie de helicóptero na garagem, digo, no seu hangar doméstico. Os veículos terrestres remanescentes, estes iriam "flutuar" acima da superfície, no modelo dos já existentes *overcrafts*.

Nada de helicópteros nas garagens, nem *overcrafts*: os fatos são congestionamentos gigantes de trânsito nas grandes cidades, que não diferenciam Primeiro e Terceiro Mundo. No transporte coletivo, ônibus e metrô teimam em trafegar superlotados.

Boa parte da humanidade poderia viver em cidades subterrâneas e mesmo subaquáticas que cederiam lugar à agricultura na superfície (Andrei

Sakharov, físico nuclear russo, 1974). Todos teriam moradia, por mais modesta que fosse.

Contudo, o fato é que grande parte das pessoas não possui habitação digna. E uma nota: em vez de cidades subterrâneas ou subaquáticas, as moradias sofreram um processo ainda mais acentuado de verticalização.

As pessoas trabalhariam menos e descansariam mais. O trabalho consumiria 147 dias, e o descanso se estenderia por 218 dias.

Todavia, o fato é que ocorre exatamente o oposto, pois a humanidade ainda trabalha dois dias para cada um de descanso (índice que não se aplica à China e demais países que ainda utilizam mão de obra semiescrava).

A maioria das enfermidades teria sido erradicada, e as que teimassem em resistir poderiam ser tratadas e controladas. No entanto, o fato é que ainda convivemos com doenças, malgrado os fantásticos avanços da medicina. Da mais inocente gripe, da qual não nos livramos mesmo com vacinas, até aquelas mais temidas, como o câncer, que teimosamente ceifa todo ano mais de 7 milhões de vidas, segundo dados da OMS. Entre tais extremos, a insidiosa diabete, que afeta mais de 350 milhões de seres humanos no mundo todo e tem provocado mais de 1 milhão e meio de mortes anualmente. Sem esquecer das doenças infecciosas como a AIDS, responsável por provocar a morte de quase 3 milhões de portadores do vírus a cada ano. E tantas outras doenças infecciosas com o vírus Ebola, o H1N1 da gripe suína, o zika virus e o vírus da dengue, que surgem e desaparecem e ressurgem. As mortes por males contornáveis assolam a humanidade, igualando o Primeiro e o Terceiro Mundo. No primeiro, doenças provocadas pela obesidade e sedentarismo, no terceiro, também doenças, causadas pela falta de saneamento e desnutrição. Tristes e vergonhosos índices marcadores da qualidade de vida teriam sido varridos para os livros de História, que registrariam como um passado sem volta termos como "miséria" e "fome".

Mas o fato é que a fome vergonhosa aflige enormes contingentes, especialmente na África, afetando mais de 700 milhões de pessoas, dentre as quais falecem quase 30 mil por dia. Não, não foi erro de revisão: é isso mesmo. Trinta mil pessoas morrem de fome diariamente, dez por minuto.

A poluição e a destruição de recursos naturais teriam ficado confinados a *Uma verdade inconveniente* (filme produzido pelo ex-vice-presidente americano Al Gore).

Entretanto, o fato é que ainda convivemos com a poluição ambiental, emanada das indústrias e da frota automotiva, tanto na Europa e América do Norte quanto no Terceiro Mundo. E ainda estamos a destruir partes do planeta, como as camadas árticas de gelo "vaporizadas" pelo efeito estufa.

A violência até poderia permanecer sendo enredo de romances, mas teria sido varrida do planeta.

Mas o fato é que ainda convivemos com a insegurança e a violência urbana, assustadora em muitas das grandes cidades.

A intolerância racial e religiosa, marco vergonhoso de nossa civilização, seria apagada e ficaria restrita aos livros de História, Sociologia e Religião.

O fato é que a intolerância racial e religiosa que demoniza minorias ainda provoca atentados de toda espécie, dizimando milhares de vidas. E talvez tenhamos mesmo regredido à barbárie retratada por cabeças decepadas por Estados terroristas.

Por outro lado, outros fracassos proféticos resultaram da "miopia mental" de vários futurólogos. Pois um dos maiores entraves à eficácia da futurologia é a visão curta que lhes embaça o horizonte mais distante. Ao focar a tecnologia em si e a relação com o ambiente de sua época, desdenharam seu potencial de evolução e preconizaram a irrelevância futura de invenções então embrionárias, que hoje facilitam sobremaneira nossa existência.

Duas curtas metáforas ilustram bem esse cenário. A primeira mostra vários futurólogos a dirigir seus automóveis em alta velocidade, porém de olho no retrovisor. A outra os traz em uma canoa remando para o futuro, porém sentados de costas para ele.

Pois veja que, em plena década de 1940, nos primórdios do computador, o próprio presidente Thomas Watson da IBM não apostava na sua máquina, pois não vislumbrava um futuro comercial para o computador.

Observe que um estudo prospectivo encomendado na década de 1980 pela renomada companhia telefônica americana AT&T antevia um limitado horizonte mercadológico para o então embrionário telefone celular (embrionário não em suas dimensões, pois os primeiros aparelhos mais se assemelhavam a um tijolo e pesavam ainda mais). Projetavam para o início do século XXI uma penetração de mercado que não chegaria a 20% de usuários, isso nos Estados Unidos! Outra miopia que focava o produto em si então, obliterando sua potencial evolução tecnológica digital e da miniaturização, evolução tão significativa que nos legou um *smartphone* com uma tecnologia embutida que, por exemplo, supera a dos computadores de bordo da nave Apollo XI, aquela que conduziu o primeiro homem à lua.

Também deixaram de prever em sua futuróloga imaginação duas maravilhas tecnológicas que teriam sido recebidas apenas como obras de ficção científica há não mais de três ou quatro décadas. A internet e o Google.

E agora?

Retorno por um breve instante à questão das previsões.

Qual a escolha? Basear-se naquelas científicas ou ouvir a intuição?

Penso seriamente que deva haver um equilíbrio entre ambas. Não se pode, em hipótese alguma, desprezar as bases de dados, que todavia precisam ser analisadas em harmonia com a intuição do pesquisador, que deve imaginar quais as alterações essenciais os bens e serviços podem apresentar em um futuro nem tão remoto assim e que, efetivamente, são inimagináveis para o homem comum. Parafraseando Einstein mais uma vez: "A imaginação é mais importante que o conhecimento".

Pois então. Que cenário se descortina?

Vários futurólogos preconizam que a humanidade irá testemunhar nas próximas décadas mais mudanças em seu modo de vida do que nos últimos mil anos. O que pode ser explicado pela progressão geométrica das inovações, por si mesmas de cunho profundamente transformador para o indivíduo e para a sociedade. Dentre tantas ressalto a clonagem, a criônica e a *eternaMente*, que poderão conduzir o ser humano a superar pela primeira vez na história as fronteiras da morte.

Relembro que um dos propósitos desta obra é precisamente o de auxiliar as pessoas a se preparar para um amanhã tão acelerado. Primeiramente, ao fazê-las tomar ciência (literalmente!) das mirabolantes invenções prestes a deixar os laboratórios de pesquisa e tomar o mercado. E também proceder a uma gostosa jornada a seu próprio interior para antever esse futuro — um verdadeiro *daydreaming* — que as leve a mentalizar que prazeres (e sofrimentos) estão para elas reservados nesse amanhã.

Perante cenários tão imprevisíveis, quais são as perspectivas? Que rumo tomará a humanidade? Será em direção a uma distopia, como a fábula de antecipação 1984 preconizada por George Orwell? Ou finalmente viveremos a materialização de alguma das utopias que acenavam com um mundo idílico?

A Inteligência Artificial (I.A.) será de grande auxílio para o ser humano, que finalmente poderá desfrutar do "ócio criativo", termo cunhado por Domênico di Masi? Ou, por outro lado, a I.A. poderá, paulatinamente, superá-lo e por fim escravizá-lo?

O ser humano finalmente será capaz de fazer da ciência uma aliada que virá em seu socorro para o bem? Ou teimará em permanecer tão primitivo e egoísta que a ciência conduzirá a humanidade para o Armagedon?

REFERÊNCIAS BIBLIOGRÁFICAS

A Bíblia Sagrada: Antigo e Novo Testamento. Tradução João Ferreira de Almeida. Referências e anotações C. J. Scofield. São Paulo: Imprensa Batista Regular do Brasil, 1985.

ABBAGNANO, Nicola (Ed.). *Dicionário de Filosofia*. São Paulo: Mestre Jou, 1970.

ANGERAMI-CAMON, Waldemar Augusto (Org.). *Espiritualidade e prática clínica*. São Paulo: Pioneira Thomson Learning, 2004.

ARMSTRONG, Karen. Zero Hora. Caderno Cultura, p.2, de 4 maio 2013.

BACHELARD, Gaston. *Novo espírito científico*. Rio de Janeiro: Tempo Brasileiro, 1968.

BAUMAN, Zygmunt. Consuming life. *Journal of Consumer Culture*, Londres, v. 1, n. 1, 2001.

_____. *Modernidade e ambivalência*. Rio de Janeiro: Zahar, 1999.

_____. *Modernidade líquida*. Rio de Janeiro: Zahar, 2001.

_____. *O mal-estar na pós-modernidade*. Rio de Janeiro: Zahar, 1998.

_____. *Vida líquida*. Rio de Janeiro: Zahar, 2007.

BETTO, Frei. A religião do consumo. *O Estado de S.Paulo*, São Paulo, abr. 2001.

_____. Mandamentos do consumismo. *Correio Braziliense*, Brasília, 14 jul. 2006, Opinião, p. A-21.

BOFF, Leonardo. *Crise:* oportunidade de crescimento. Campinas: Verus, 2002.

_____. *Espiritualidade:* um caminho de transformação. Rio de Janeiro: Sextante, 2001.

_____. *Ethos mundial:* um consenso mínimo entre os humanos. Rio de Janeiro: Sextante, 2003.

BOFF, Leonardo. *Experimentar Deus:* a transparência de todas as coisas. Campinas: Verus, 2002.

_____. *Mística e espiritualidade*. Rio de Janeiro: Garamond, 2005.

BONDER, Nilton. *Ter ou não ter, eis a questão:* a sabedoria do consumo. Rio de Janeiro: Elsevier, 2006.

BOTTON, Alain de. Religion for atheists: a non-believer's guide to the uses of religion. London: Penguin, 2012.

BRITO, Enio; GORGULHO, Gilberto. (Org.). *Religião ano 2000*. São Paulo: Loyola, 1998. v. 1, p. 109-129.

COLLINS, Francis. *Revista Veja*. Entrevista, p. 14, 24 jan. 2007.

COMTE, Auguste. *Curso de Filosofia positiva*. Trad. de José Arthur Giannoti. São Paulo: Abril Cultural, 1978. (Coleção Os Pensadores).

COMTE-SPONVILLE, André. *A felicidade, desesperadamente*. São Paulo: Martins Fontes, 2001.

CRICHTON, Michael. *O homem terminal*. Rio de Janeiro: Rocco, 1998.

CROATTO, José Severino. *As linguagens da experiência religiosa*: uma introdução à fenomenologia da religião. São Paulo: Paulinas, 2001.

DALAI-LAMA. *Ética do terceiro milênio*. Rio de Janeiro: Sextante, 2003.

DALAI-LAMA; CUTLER, Howard C. *A arte da felicidade:* um manual para a vida. São Paulo: Martins Fontes, 2000.

DAVIS, Melinda. *A nova cultura do desejo*. Rio de Janeiro: Record, 2003. 304 p.

DAWKINS, Richard. *Se não acreditamos em Thor, por que crer no Deus cristão*. Folha de São Paulo, São Paulo, Mundo, 1 abr. 2013.

DESCARTES, René. *Discurso sobre o método*. São Paulo: Edipro, 2006.

DURKHEIM, Émile. *As formas elementares da vida religiosa*: o sistema totêmico na Austrália. São Paulo: Martins Fontes, 1996.

EINSTEIN, Albert. *Como vejo o mundo*. Rio de Janeiro: Nova Fronteira, 1981.

ELIADE, Mircea. *O sagrado e o profano. A essência das religiões*. Lisboa: Edição Livros do Brasil, [1992].

ELKINS, David N. *Além da religião*. São Paulo: Pensamento, 1998.

EPICURO. *Carta sobre a felicidade*. São Paulo: Unesp, 1997.

FORBES, George. *Você quer o que você deseja?* São Paulo: Best Seller, 2004.

FROMM, Erich. *Análise do homem*. Rio de Janeiro: Zahar, 1974.

_____. *Ter ou ser.* Rio de Janeiro: Zahar, 1977.

FUKUYAMA, Francis. *O fim da história e o último homem*. Rio de Janeiro: Rocco, 1992.

GAARDER, Joster; HELLERN, Victor; NOTAKER, Henry. *O livro das religiões*. São Paulo: Schwarz, 2000.

GALBRAITH, John Kenneth. *A sociedade da abundância*. São Paulo: Pioneira, 1996.

GALILEI, G. *Duas novas ciências*. São Paulo: Nova Stella Editorial/Instituto Italiano di Cultura, 1988.

GIANNETTI, Eduardo. *Felicidade:* diálogos sobre o bem-estar na civilização. São Paulo: Companhia das Letras, 2002.

GIDDENS, Anthony. *Modernidade e identidade*. Rio de Janeiro: Jorge Zahar, 1999.

GIKOVATE, Flávio. *Você é feliz?* São Paulo: M.G. Editores, 1978.

_____. *Em busca da felicidade*. São Paulo: M.G. Editores, 1981.

GIRARD, René. *A violência e o sagrado*. São Paulo: Paz e Terra, 1998.

GLEISER, Marcelo. *O fim da terra e do céu*. São Paulo: Schwarcz, 2011.

GOMBRICH, Ernest. *História da arte*. Rio de Janeiro: Guanabara, 1993.

GORGULHO, Gilberto. (Orgs.). *Religião ano 2000*. São Paulo: Loyola, 1998.

GRAYLING, A.C. Revista Época. P.58, 9 setembros 2013.

HAMER, Dean H. *The God Gene:* How Faith is Hardwired into our Genes. Fall River, Massachussetts: Anchor, *2004.*

HARARI, Yuval N. *Homo Deus*: uma breve história do amanhã. São Paulo: Companhia das letras, 2016.

HEGEL, G.W.F. *Fenomenologia do espírito.* Petrópolis: Vozes, 2002.

HERZBERG, Frederick; MAUSNER, B.; SNYDERMAN, B. *The motivation to work.* Nova York: John Willey, 1959.

HOUAISS, Antônio. *Dicionário Houaiss da língua portuguesa.* Rio de Janeiro: Objetiva, 2001.

HUXLEY, Aldous. *Admirável mundo novo.* Rio de Janeiro: Brasil, Dinal, 1967.

HUXLEY, Julian. *New bottles for new wine*: essays. New York: Harper, 1957.

_____. Towards a new humanism.

JAMES, William. *The varieties of religious experience.* Cambridge, Massachusetts: Harvard University Press, 1985.

JAMMER, Max. *Einstein e a religião.* Rio de Janeiro: Contraponto, 2000.

JUNG, Carl Gustav. *Psicologia e religião.* Petrópolis: Vozes, 1978.

KARDEK, Allan. *O livro dos espíritos.* Araras: Ide editora, p. 23 e 82, 2008.

KUSHNER, Harold S. *Quando coisas ruins acontecem às pessoas boas.* São Paulo: Nobel, 2010.

LASH, Christopher. *A cultura do narcisismo.* Rio de Janeiro: Imago, 1983.

_____. *O mínimo eu.* São Paulo: Brasiliense, 1986.

LORENZ, Konrad. *Civilização e pecado.* Rio de Janeiro: Artenova, 1974.

MACDOUGALL, Duncan. *Soul Has Weight*, Physician Thinks, p.5, 11 march de 1907.

MADDOCK, Richard C. *Marketing to the mind.* Londres: Quorum Books, 1996.

MARX, Karl. *O capital:* crítica da economia política. São Paulo: Nova Cultural, 1996. (Coleção Os economistas, 1).

MASLOW, Abraham. *Motivation and personality.* Nova York: Harper & Row, 1954.

_____. *Religions, values and peak experiences.* Nova York: Penguin Books, 1976.

McCLELLAND, D. C. *The achieving society.* Nova York: Van Nostrand Reinhold, 1961.

MORUS, Thomas. *Utopia.* São Paulo: Saraiva, 2011.

NEEDLEMAN, Jacob. *O dinheiro e o significado da vida.* São Paulo: Best Seller, 1991.

OTTO, Rudolf. *O sagrado.* Lisboa: Edições 70, 1992.

PAPA FRANCISCO. O Estado de São Paulo, Caderno Metrópole, p. A19, 2 outubros2013.

PENFIELD, Wilder. *O mistério da mente.* São Paulo: Atheneu, 1993.

PERSINGER, Michael. Neuropsychological bases of god beliefs. New York: Praeger, 1987.

PLATÃO. *A República de Platão.* São Paulo: Sapienza, 2005.

RODRIGUES, Alan. O marqueteiro dos católicos. *Istoé*, São Paulo, ano 30, n. 1958, p. 40-41, 9 maio 2007.

ROUDINESCO, Elizabeth; PLON, Michel. *Dicionário de psicarálise.* Rio de Janeiro: Jorge Zahar, 1998.

ROUSSEAU, Jean-Jacques. *Discurso sobre a origem e os fundamentos da desigualdade entre os homens.* São Paulo: UNB, Ática, 1989. ROSSI, Clóvis. O altar do sacrifício. *Folha de S.Paulo*, São Paulo, 13 jul. 2005, p. 2.

SAGAN, Carl. *O mundo assombrado pelos demônios.* São Paulo: Companhia das letras, p.43, 1996.

SANTO AGOSTINHO. *A cidade de Deus*. Petrópolis: Vozes, 2010.

SCHWERINER, Mário Ernesto René. *Identificando necejos e supérfluos essenciais*. São Paulo: Saraiva, 2006.

SHOPENHAUER, Arthur. *A arte de ser feliz*. São Paulo: Martins Fontes, 2001.

SMITH, Adam. *A riqueza das nações:* investigações sobre sua natureza e suas causas. São Paulo: Abril Cultural, 1983. v. 1.

_____. *Teoria dos sentimentos morais*. São Paulo: Martins Fontes, 2000.

SUNG, Jung Mo. *Desejo, mercado e religião*. Petrópolis: Vozes, 1998.

_____. *Sujeito e sociedades complexas:* para repensar os horizontes utópicos. Rio de Janeiro: Vozes, 2002.

Teologia da Libertação já passou, aponta arcebispo. *Folha de S.Paulo*, São Paulo, 27 abr. 2007, p. A10.

TOFFLER, Alvin. *O choque do futuro*. São Paulo: Record, 1973.

TOLLE, Eckhart. *O poder do agora*: um guia para a iluminação espiritual. Rio de Janeiro: Sextante, 2002.

VALLE, Edênio. *Psicologia e experiência religiosa*. São Paulo: Loyola, 1998.

VEBLEN, Thorstein. *A teoria da classe ociosa*. São Paulo: Pioneira, 1965.

VIER, Raimundo. *A "Navalha de Ocan"*. *In*: GARCIA, Antônio. Estudos de Filosofia.

WEATHERFORD, Jack. *A história do dinheiro*. São Paulo: Negócio, 1999.

WEBER, Max. *A ética protestante e o "espírito" do capitalismo*. São Paulo: Companhia das Letras, 2004.

WELLS, H.G. *A guerra dos mundos*. Rio de Janeiro: Objetiva, 2016.

_____. *A máquina do tempo*. São Paulo: Arte & Ciência, 2002.

WOLMAN, Richard N. *Inteligência espiritual*. Rio de Janeiro: Ediouro, 2001.

SOBRE O LIVRO
Tiragem: 1000
Formato: 16 x 23 cm
Mancha: 12,3 x 19,3 cm
Tipologia: Times New Roman 10,5/12/16/18
Arial 7,5/8/9
Papel: Pólen 80 g (miolo)
Royal Supremo 250 g (capa)